Andreas
Meier

Affensḥwanz

Triloge
éner
virtuellen
firma

pako Verlag

Subject: Go west
Date: Thursday, June 24 1999 22:07:16 +0100
From: Peter.Loertscher@cta.ch
To: Peter.Loertscher@cta.ch

Hallo Pete

Alter Kumpel:
Hockst immer noch im Ledersessel?
Wo bleibt der Umsatz? Wo der Verkaufserfolg?
Deine Kunden wandern ab, deine Chefs streben nach oben,
deine Kollegen gehen auf Distanz.
Worauf wartest du?

Dè opśion, dè firma zu verlassen, trug iĉ laŋe mit mir herum. Jeżt, am frètagmorgen des fünfundzwanzigsten juni neʊnundneʊnzig, śpègelt sè siĉ aʊf mèner neżhaʊt: Go west. Endliĉ śrèbe iĉ dè kündiguŋ. Mèn chef wèss niĉt, ob er mir gratulèren soll. Dè kollegen flüstern: Er kündigt? Ende juni gebe iĉ dè ślüssel ab. Naĉdem dè CTA bis hinters komma den drèzehnten antèlmässig aʊsgereĉnet hat, siĉert sè mir dè näĉsten vèr monaśsaläre zu. Dè frèśtelluŋ entpuppt siĉ als geśenk. Kann ohne agenda ferien planen. Wallfahre naĉ Sapri, an den golf von Policastro, wo miĉ nèmand daran hindert, in den tag hinènzuträʊmen. Vergesse dè zèt. Wage miĉ erst ans meer, als dè germanen aʊs EU und NEU (Non European Union) im norden verświnden. Bilde mir èn, dè luft sè nun friśer, das wasser kühler. Aʊf mitte september pèle iĉ Wien an. Vorher naĉ Zürich zurüĉ. Wohnuŋ aʊfräʊmen. Geśtapelte papèrpost ordnen. Es śènt, als wäre èniges geśehen in mènem leben: Das phone summt niĉt mehr, e-mails häŋen hilflos im neż. Dè telecomputer akśiengesellśaft helveticum, im web errèĉbar unter wwwpunkttelpunktcum, erinnert miĉ kundenfreʊndliĉ an zahluŋspłiĉten und hat mène lebens-

ader, dè digitalen ŝlä«ĉe, zerŝnitten. Sortère dè reĉnuŋen naĉ ablaɹf-
datum. Danaĉ erwerbe iĉ mir das tiĉet naĉ Wien. Ŝon am abend hoĉke
iĉ im gasthaɹskeller am riŋ, vom alltag befrèt. Żèhe den Tabucchi aɹs
mènem jaĉkett und versinke in ‹Der verŝwundene kopf des Damasceno
Monteiro›: ‹Man hat den kopf gefunden, sagte sè sanft. Firmino be-
traĉtete dè köpfe der seeheĉte, dè aɹf sénem teller lagen. – Den kopf,
fragte er begriffsŝtużig, welĉen kopf? – Den kopf, der der léĉe fehlte,
sagte Dona Rosa lèbenswürdig, aber es beŝteht kén grund zur éle,
essen sè zuerst fertig, danaĉ erzähle iĉ ihnen alles, was sè wissen müssen.› Wende miĉ dem näĉsten gaŋ zu. Fiŝ aɹs süsswasser an wésswén.
Kaɹm én seeheĉt. Gréfe naĉ mènem kopf. Der ist wohlaɹf. ‹In der naĉt
wurde ein portugèse tot in énem park aɹfgefunden. Der körper trug
ŝpuren von misshandluŋen, der kopf fehlte.› Mén kopf fehlt niĉt. Er ist
unfehlbar. Zudem: Bin kén portugèse. Bin nè misshandelt worden. (Dè
CTA benahm siĉ korrekt, hatte siĉ per apéro von mir verabŝièdet, mir
obendraɹf vèr monaŝsaläre zugesiĉert.) Naĉ ablaɹf der kündiguŋsfrist
erhalte iĉ mén leżtes salär. Ohne provision. Nur mit dem drézehnten.

Vom śwülen Wien ins nèselnde Zürich. Nebel. Taṷśe mėne grossräṷmige wohnuŋ gegen ėne überśaṷbare ėn. Dè restaurants der śiċeria mėde iċ. Naċ ėner durċzeċten naċt flimmert das videoclip mit dem sales director of CTA vor mėnen aṷgen. Kėne halluzinaṡion. Nur dè hintergrundmusik tobt immer laṷter. Und dè verkaṷfszahlen purzeln in dè höhe. Das ėnzige, was miċ irritèrt: Das video läṷft śwarzwėss ab! Doċ bin iċ in form. Aṷf dem clip. Adding value, rundherum. Śwėssgebadet erréċe iċ mėne wohnuŋ, śtöbere naċ dem video, lass es farbenjubelnd über den bildśirm fegen. Den ton nehme iċ aṷs rüċsiċt aṷf mėne naċbarn weg. Śaṷe mir dè pantomime an. Und koże. Zerśnéde das video. Zerrésse den ‹Director Peter Loertscher, lic. oec. HSG› aṷf mėnen visitenkarten.

Das telefon zerrt miċ aṷs dem ślaf: Hallo Pete, hèr ist Fritz. – Ja. – Wè geht's? – O.k. – Kann iċ diċ śpreċen? Hast du 'ne minute zėt? – Worum geht's? frage iċ zurüċ. Als ob iċ kėne zėt hätte. Am morgen um elf uhr, an ėnem bléċen februartag. Sét woċen hoċe iċ im nebelloċ, tue nichts anderes, als gespräche führen, selbstgespräche mit dem verkaufschef der CTA. Fritz zögert: Vellecht könntest du uns helfen? – Bin nicht be der helsarmee, bin former director of CTA, knurre ich. – Sorry, ich habe gedacht, du wärst der richtige mann für enen start-up! – Gründet ihr enen männerclub? – Nen, seufzt er, wir machen ene firma auf. – Ene firma? Wozu ene firma? – Der geschäftszweck ist noch unklar. Wir wissen nur, dass wir ene firma gründen. – Ene firma ohne definerten geschäftszweck? Habe ich es her mit professionals zu tun? Wer ist wir? – Ja, das ist es eben, erwidert Fritz, wir sind alle ohne arbet. Das hesst, ohne bezahlte arbet. Jedenfalls pilgern wir regelmässig aufs arbetsamt. – Bin nicht arbetslos, entgegne ich. Habe von mir aus gekündigt. Konnte mich mit den produkten der CTA nicht mehr identifizeren. Laufe auch nicht aufs amt. Und überhaupt. – Brauchst dich nicht zu erklären, Pete. Auch wir sind erfolgreche manager. Das hesst, wir waren es mal. Übrigens, wir haben topmanagerinnen unter uns. – Topmanagerinnen oder ehemalige topmanagerinnen? – Tu nicht blasert, Pete. Du reagerst we alle in unserer gesellschaft: Entweder du hast enen job und gehörst dazu, oder du hast kénen und bist niċ̇s wert. Dabé sind arbéʼslose kaderleʉte, dè iċ für dè firmengründuɳ zusammenbriɳe, aʉsgewèsene führuɳskräfte. Und niċt verantwortliċ für dè dezimèruɳ der ALV-gelder! Sʌlèssliċ haben marktöffnuɳ, globalisèruɳ und rüċ̇besinnuɳ aʉf kernkompetenzen ihren volkswirtsʌaftliċ̇en prés. Dann hakt er naċ: Glaʉbst du, déne fähigkéten in marketiɳ und verkaʉf gehen verloren, wenn du kéne visitenkarte züċ̇en kannst? Iċ erinnere miċ an das video mit dem salesman, der sʌpraċ̇los produkte loswerden wollte. Denke an dè verkaʉfszahlen des ersten qʉartals, an den énbruċ im zwéten, an dè befréende naċ̇riċt, dè iċ im juni per e-mail empʄaɳen habe. – Du kannst dir's überlegen, ob du mitmaċ̇en willst. Wir treffen uns heʉte abend um halb neʉn im saal vom Weissen Wind. Und dann sʌèbt er éne ermunteruɳ naċ: Wir sind aʉf dén verkaʉfstalent angewèsen, Pete, wir braʉċ̇en diċ. Also, bis heʉte abend. Iċ bin platt. Jemand ist aʉf miċ angewèsen. Jemand zählt aʉf méne fähigkéten. In den leżten woċ̇en hat kén hahn naċ mir gekräht. Und jeżt dèses angebot! Was soll iċ unternehmen? Es blében mir noċ etwa aċt sʌtunden für énen entsʌéd. Wè iċ Fritz kenne, gibt's bé ihm nur ganze saɔen. Also, firmengründuŋsversammluŋ im Weissen Wind, notariell beglaubigt, énzahluŋ der kapitalbetéliguŋ innert zehn tagen. Unwiderruflió. Gesháfšzweck hin oder her.

———

Vor alle essenziellen entshéduŋen, de ió im berufsleben zu treffen hatte, shob ió immer éne naɔt. Desmal tue ió es niɔt. Ob das én gutes oder én shleɔtes omen ist? Shlendere de oberdorfshtrasse entlaŋ zum Weissen Wind. Es ärgert mió, dass ió am telefon mit Fritz niɔt mehr informašionen heréngeholt habe. Wo bleb de éngeübte rhetorik des topverkäufers? Wéss niɔt énmal, we vele führuŋskräfte der ehemalige banker zusammengetrommelt hat, geshwége denn, welɔen background dese leute besizen. Auó naó den namen der führuŋsfrauen habe ió mió niɔt erkundigt. Ob ió se vom efficiency club her kenne? Fritz traf ió vor jahren in énem wirtshafšwissenshaftlióen seminar an der universität. Als éngeshworener fan maɔte ió mió für das sankt galler führuŋsmodell shtark. Fritz vertrat wuótig das zürɔerishe. Wir shtritten uns bis zum näósten ber im nederdorf. Erst aus der ferne, als ió in Kalifornien tätig war,

13

verŝmolzen St. Gallen und Zürich zu énem kümmerliĊen fleĊen: Es ver-
miŝte siĊ management by St. Gall mit management by Zurich, marketiŋ by St. Gall mit marketiŋ by Zurich, St. Gall's Success Key Factors oder
SGSKF mit ZHSKF. Fritz war uns ŝtudienkollegen éne nasenläŋe voraʊs.
Ŝpäter vertèfte er siĊ in den finanzberéĊ, ŝrèb éne doktorarbèt. Der
titel séner arbèt hat siĊ in mén klénhirn éngebrannt: Derivative instru-
mente – éne heraʊsforderuŋ fürs bankmanagement. Damit maĊte Fritz
karriere am paradeplaż der banken in Zürich. Und jettete in dè USA,
naĊ Japan, Hongkong. Bald weĊselte er naĊ Genf, ins oberste direktorium éner internaŝionalen privatbank, hératete betuĊt, trat im rotary
club én, segelte aʊf der égenen jaĊt, mahagoniholz. Ŝpäter, als éne
ehrwürdige bank in England hops giŋ, begann iĊ zu ahnen, inwèfern
derivate das management heraʊsfordern. Fritz nahm siĊ dè mühe, mir
das BSM, das Black-Sholes-Modell, in sénen varianten zu erläʊtern, doĊ
die vèlfalt der parameter verwirrte miĊ: Present value of call option,
cumulative normal probability density function, time to exercise date,
variance per period of rate of return on the asset, continously com-

pounded risk-free rate of interest. Fritz beteuerte, er hätte noċ kénen banker in der obersten gesċäfṫlétuŋ angetroffen, der dè zusammen-häŋe im riskmanagement versṫünde. Iċ war niċt alléne mit blindhét gesċlagen. Nun sṫehe iċ vor dem Weissen Wind.

———

Zürigesċneżeltes mit rösċti, vorab én nüsslisalat mit é und dré liter zunft-wén. Fritz ist in fahrt. – Hallo Pete, alter kollega, seż' diċ zu uns, fuċtelt er. Fühle miċ in dè sṫudienzét zurüċkatapultèrt. Zwé frauen und fünf männer dräŋen siċ um énen tisċ, diskutèren durċénander. Als emeritèrter sċtudentenführer behält Fritz dè oberhand: Hèr thront Iris, botsċafterin des olymps, zusṫändig für kommunikaṫion und human resources. Besonderes persönliċkéṫsmerkmal: Flirtet gerne mit primzahlen! Sèben augenpaare fixèren éne frau, dè ihr halblaŋes haar zurüċsċtréċt und zu éner replik ausholt. Doċ Fritz parèrt sċon vorher. – Da hoċen Paul und Tomaso, der éne én internetfreak, der andere ein Garibaldi des reċtes. Da drüben brütet Rosmarie, Rosmarie Rosamunde … – Iċ siż' im falsċen theater, ärgert siċ Rosmarie, sċteht auf und verlässt den saal.

15

Dè vorŝtelluŋsrunde geht daneben. Das briŋt Fritz niĉt von sėner guten ŝtimmuŋ runter. – Mimosen finden in unserer topfirma kėnen plaż! ruft er. Das wirtŝhafṡumfeld ist hart. Wir brauĉen leute mit biss und diĉer haut. – Jeżt benimmst du diĉ aber total daneben, funkelt Iris. Wenn du das machogehabe niĉt sofort ablegst, stėg' iĉ aus. Dann tauĉt dè kellnerin mit kliŋenden gläsern und dem wėn auf. Paul, der internetler, ergrėft dè chance und fragt: Sollten wir niĉt ŝtrukturėrter vorgehen, über firmenzweĉ, marktchancen und internetauftritt debattėren, bevor wir unsere crew konfigurėren? – Alles zu sėner zėt, entŝėdet Fritz, ŝtossen wir erst ėnmal an. Dabė lerne iĉ Kurt und Bernhard kennen, das hėsst, erfahre ihre vornamen. Wähle kutteln naĉ zürĉer art. Dè servėrerin möĉte mir dè kalbsleberli von Rosamunde andrehen. Bin unbewegliĉ in solĉen situaṫionen. Kann nicht von kutteln auf leberli umŝtellen. Wenn iĉ kutteln im kopf habe, muss es kutteln geben. Kutteln mit kümmel und salzkartoffeln. – Pete, waĉ auf, du verpasst dè henkersmahlzėt, frożelt Fritz. – Habe ėn lėtbild für unsere firma ausgeheĉt, ŝpotte iĉ. Der vortėl dèses lėtbildes: Es passt auf jede firma. – Welĉes

16

logo muss iċ entwerfen, ṡtrahlt Paul. Dė corporate identity ist am wiċtigsten. Hinter énem überladenen salatteller entseżt siċ Iris: Sėd ihr verrüċt geworden? Wenn ihr so wėterarbétet, briŋen wir dė firma morgen an dė börse! – Und Gebner, Locher & Co. beanṡpruċen énen siż im verwaltuŋsrat, ergänzt Fritz. Und Schuldknecht hedged unseren ferienbonus weg. Tomaso saɹgt genüssliċ an sénem lammkotelett. Von Kurt und Bernhard vernehme iċ kénen pėps. Kurz vor ‹zehn vor zehn› verabṡéden siċ béde. Fritz der banker, der internetler Paul, Tomaso il avvocato, Iris und iċ blében mit unseren papėrnen tiṡtüċern, die mit wėn- und kaffeeriŋen verzėrt sind, alléne zurüċ.

‗‗‗

Du zogst déne naċ zigarettenraɹċ ṡtinkenden kléder aɹs, warfst sė in dė waṡmaṡine. Dė sédenen dessous wėċtest du im lavabo én. Dann öffnetest du dė hähne und lėssest wasser in dė badewanne énlaɹfen. Ɛn ṡpriżer melissenessenz. Ṡminktest diċ ab. Das badezimmer füllte siċ mit dampf. Ṡpėgel beṡlugen. Behutsam ṡtėgst du ins bad. Treffen im Weissen Wind am seċzehntenzwétenzwétaɹsend: Unmögliċ, das geṡehen zu entziffern. Kryptograþė. Oder als tėle man ėne gewöhnliċe zahl durċ null und erhalte ėn unverṡtändliċes ergebnis. Zu Paul ṡpannte siċ ėn zarter faden. Zwar hatte er siċ fast den ganzen abend ans worldwide web geklammert, doċ wirkte er ėnfühlsam. Er kam dir vor wė ėne partitur: Tonarten, takte, þrasėruŋen. Erst dė interpretaṡion würde der partitur klaŋbilder entloċen. Tomaso, der händler aꓹs dem süden: Hatte in Bologna geṡiċte und internaṡionales reċt ṡtudėrt, war ins aꓹssenministerium naċ Rom gezogen, als anhäŋer der democrazia christiana. Weċselte in den fiatkonzern, trug verantwortuŋ für Europa, Afrika und den Nahen Osten. Ṡtėg aꓹs. Gründete ėn beratuŋsbüro in Wetzikon. Zwėtehe und konkurs. Und jeżt? Wirkt er niċt hėmatlos? Aꓹf ėnem polaroidbild zėgte er dir sėne fraꓹ mit zwė töċtern: Drė ṡtrahlende italienerinnen! Aber Fritz! Ohne Fritz gäbe es kėnen spin-off. Dank sėnes marionettenṡpėls warst du zur dame im vexėrbild mutėrt. Und Peter? Wė hatte er im verkaꓹf erfolg haben können? Ob er gekündigt hatte oder raꓹsgeworfen wurde? Worin lėgt der untersḣėd? Im endeffekt ṡpėlt's kėne rolle. Ohne arbėt ist's egal, ob man sė so oder anders verloren hat. Oder v̇elleċt niċt? Ist das der nullpunkt, über den Peter niċt hinwegkommt? Der nullpunkt trennt niċt énfaċ dè negativen von den positiven zahlen. Für diċ ist er én symbol des niċṡ. Dè überwinduŋ des nullpunktes hèsse für Peter, énen job zu finden, sén selbstbewusst-sén wèderzuerlaŋen. Den þilosoþen des altertums war dè bedeṿtuŋ des nullsymbols entgaŋen. Aristoteles hatte gefordert, die null zu verbèten. Er glaṿbte, sè würde dè widerṡpruċsfrèhèt der zahlen zuniċte maċen.

Mén MAC surrt frèdliċ vor siċ hin. Sét ṡtunden knoble iċ am marke-tiŋkonzept. Marketiŋ ist niċt nur éne unternehmeriṡe heraṿsforderuŋ, marketiŋ ist éne denk- und lebenshaltuŋ: Marketing Above Culture. Am abend der firmengründuŋ im Weissen Wind musste jeder énen vorṡlag zur namensgebuŋ vorbriŋen: Circle (riŋ, krés) braċte iċ én, Fritz kon-terte mit circlip (siċeruŋsriŋ), von Iris ṡtammte circuit (theaterriŋ, rund-rése, rundfahrt, rennbahn), Paul wählte circular (rundbrèf, rundṡrében, wurfsenduŋ). Tomaso ṡtemmte siċ gegen anglizismen und blèb naċ énem wortṡwall mit ciarla, cicala, ciambella, cicoria, civetta, cipolla, cipria, cilindro, cieco, cigno, cimice, cinereo und cimitero plöżliċ ṡtumm. Iris erkundigte siċ naċ dem wort cipria. Puder, puder, puder, trumpfte Fritz aᴊf. Puder fürs neᴊe firmenbaby. Daċte an den ṡriftṡteller, der durċ dė halbe welt rėste, um yardleypuder für Moricand zu beṡaffen. Yardleyrasėrpuder. Niċt für ėn baby, sondern für ėnen hoċṡtapler. Wir bedräŋten Tomaso, endliċ aᴊf ėn amerikaniṡes label ėnzuṡwenken. Er ruderte mit den armen wė ėn fahnenṡwiŋer. Fritz rettete dė situaṡion, indem er ihm ėnen grappa offerėrte. Und Tomaso bedankte siċ mit dem label circus. Circle, circlip, circuit, circular, circus. Iċ meldete dė fünf wortṡöpfuŋen bėm bundesamt für gėstiges ėgentum an. Sė wurden allesamt abgelehnt. Dann ėnigten wir uns aᴊf CIRC. Problemlos, da ėn akronym. Naċ überwėsuŋ des unkostenbėtrags sė das label für alle zėten geṡüżt. Ṡuż für alle zėten. Ṡuż für alles und für dė ewigkėt. EPS. Ewiges Präservativ Schweiz. Sogar dė konten werden geṡüżt. Für immer, für ewig. Nur circus kann niċt unter ṡuż geṡtellt werden. Wende miċ dem marketiŋkonzept zu: Umweltbediŋuŋen, marktentwiċluŋ, kundenverhalten, produktmix, umsażerwartuŋen, distribuṡionskanäle, kommunikaẛion. Alles ist klar. Product. Place. Price. Promotion. Paul hätte séne freʊde daran. Überhaʊpt ist Paul als IV-freak für marketiŋfragen empfäŋliɔ. Kaʊm hatten wir uns aʊf CIRC geénigt, meldete er das label bé den internetprovidern an. Ṡpäter ṡiɔt er uns éne e-mail. Ɛ́ne melduŋ mit affenṡwanzcircpunktch. Flippe aʊs. Mén adrenalinṡpégel ṡtégt. Habe mindestens én C aʊs méner früheren firma herüberretten wollen. Jeẛt winken mir dré C hinter dem affenṡwanz entgegen. Und Paul provozért via internet dè erste firmenkrise. In séner mail ṡoɔért er uns mit der ṡpègelgléɔuŋ CIRC = CRIC, versehen mit der folgenden erkläruŋ: CIRC hésst cruddy infantile ratcatchers und CRIC bedeʊtet core resistant intellectual capital. Dè rattenfäŋer sind entseẛt! Beṡeʊerte, infantile rattenfäŋer. Dè geṡpègelte naɔzéle verṡteht nèmand. Maile Paul an und frage, was er unter core resistant intellectual capital verṡtehe. Er ṡrébt: ‹The value of the mental content of all goods and services is eclipsing the value of the physical content. Yet we blindly continue to mismanage our companies as though minds didn't matter and nothing had happened since evolution.› Zu deʊṡ: Der mentale wert von waren und dènstléstuŋen śtellt den þysiśen wert in den śatten. Aber wir fahren blindliŋs fort, führen unsere firmen falś, als ob unser verśtand kéne rolle śpèlte, als ob niċś geśehen wäre sét der evoluśion.

Heʋte musstest du aʋs dénen vèr wänden aʋsbreċhen. Sét du bé CIRC tätig warst, lèf alles per e-mail. Fritz hatte séne firma der virtualität: Jeder verharrte in sénem śluɟfloċh, jeder śtarrte aʋf sénen bildśirm! Dir lag das niċt. Also meldetest du diċh bém coiffeur an. Im salon trafst du Yolanda, dè fragte: Willst 'ne colored strand? – Ja, und mögliċhst verrüċkt, iċh hoċke nur zu haʋse, śaʋe den ganzen tag in dè gloże. – Bist du fernsehsüċhtig geworden? Hast déne health care aʋfgegeben? – Nén, nén, iċh arbéte bé CIRC, éner firma mit laʋter männern. Da läʋft alles elektroniś. Alles per e-mail. Iċh muss nur noċh heraʋsfinden, wè iċh am ende des monaťs den zahltag aʋsdruċken kann. – Freaked-out oder was? Laʋter männer? Wè überlebst du das? – Wir arbéten virtuell! Es passèrt niċś, wenn du den PC anfluċhst. Yolanda hèlt dir den śpègel hin. Du konntest diċh von allen séten begutaċhten: Dè giftiggrüne haarśträhne blïeb aus jedem blicͨwinkel sicͨtbar. Du zahltest déne recͪnuŋ, verlèssest den coiffeursalon. Yolanda rèf nocͪ: ǯüss, vèl fun mit CIRC! Dann warst du draussen. Du tratest ins café šaber én, beš̌telltest énen grüntee, fiš̌test den tagi vom geš̌tell, versankst im sessel. Hinter der zétuŋ verš̌anzt, musstest du erst zu dir kommen. Also alles der réhe nacͪ: Séit énigen wocͪen arbétest du bé dèser mushrooming company, wè Fritz zu sagen pͦflegt. Peter siżt rund um dè uhr hinter sénem marketiŋkonzept, Paul bastelt an homepages herum, Fritz verhandelt mit risikofreudigen banken, Tomaso geht auf akͻuisiṫion nacͪ Italien. Zahltag gibt's kénen. Ohne reelle aufträge gibt's kénen reellen zahltag. Dè geš̌äfṫswelt ricͪtet sicͪ auf reelles aus, nicͪt auf virtuelles. Sè š̌lèsst aus und blébt begrenzt. Du š̌lürftest dénen grüntee. Plöżlicͪ war dir klar: Jede virtuelle firma benötigt énen realwert. Aucͪ dè mathematik kombinèrt reelles mit imaginärem. Während reelle und imaginäre zahlen je auf éneŋenden geraden verlaufen, bildet ihre kombinaṫion éne ebene: Dè éndimensionalität der natürlicͪen zahlen ist läŋst überwunden! Im sèbzehnten jahrhundert š̌on erkannte Leibniz in dèser kombinaṫion éne égenš̌tändige kraft. Er nannte sè èn ‹amþibium zwiśen sén und niċtsén›. Du fragtest diċ, wè CIRC in amþibiśe dimensionen vorśtossen könnte. Und wè siċ affenśwanzcircpunktch real verknüþfen lèsse.

Kurz naċ mittag śtandest du vor der wohnuŋstüre des homepage-künstlers. Rita, Pauls fraʋ, emþfiŋ diċ, als ob ihr énander śon laŋe kennen würdet. Sè sé froh um éne abweċsluŋ. Dè kinder hätten beréṫ gegessen und séen aʋf dem weg zur śule. – Ihr habt noċ kéne aʋfträge? fragte Rita. Und ohne déne antwort abzuwarten, fügte sè an: Paul siżt entweder hinter dem bildśirm oder der hifi-anlage. Etwas anderes gibt es für ihn niċt. – Trében ihm dè kinder niċt dè virtuellen flaʋsen aʋs? – Dè haben es śon läŋst aʋfgegeben. Śaʋ selber naċ. Er ist im mansardenzimmer hinter sénen anlagen. Du śtègst dè treppe hoċ, śteʋertest aʋf das zimmer zu, aʋs dem musik draŋ. Der klaŋ war so kompakt, als ob zwé orċester gléċzétig śpèlen würden. Ɛine wirbelige seqʋenz von verfremdeten volkstümliċen tänzen kam dir entgegen. Plöżliċ wurde es śtill. Naċ éner verśnaʋfpaʋse kloþftest du an dè türe. Paul śteċkte den kopf heraus und war überrasht, dich her zu sehen. – Was hörst du für ene gestermusik? – Das ist Béla Bartóks werk für zwe shtrechergruppen, klavèr, harfe, celesta, xyloþon, shlagzeug und pedalpauken. Dann erläuterte Paul dir mit klaŋbeshpèlen dè partitur. Der kopfsaż, das andante tranquillo, folge als fuge dem quintenzirkel: Der zwete ensaż beginne um ene quinte höher, der vèrte im verhältnis zum zweten ebenfalls, wè auch der sechste und achte; der dritte, fünfte oder sèbente ensaż dagegen seże je um ene quinte tèfer en. Nachdem in bède richtuŋen dè tonart Es errecht sè, würden dè weteren ensäże das thema in der umkehruŋ zurück zur grundtonart A führen. Jeżt shwärmte Paul vom allegro, nannte es enen sonatensaż voller lebensfreude. Bè der durchführuŋ erkliŋe gar das fugenthema des kopfsazes wèder. Und dè abshlèssende reprise verändere den zwèvèrteltakt der exposiłion in enen drèachteltanzrhythmus. Bèm dritten saż, dem adagio, ershrakst du über dè shrillen töne des xyloþons, dè durch paukenglissandi und brashenenwürfe merkwürdig ergänzt wurden. Nach enem gesaŋ von gège und celesta wès Paul auf en gehämmertes fünftonmotiv hin. Shlèsslich lèss er den shlusssaʐ ertönen, den du vorhin draʊssen vor der tür mitgehört hattest. Das thema des allegro molto, als kette von volkstümliċhen tänzen, sé in ṡtreŋer diatonik gehalten und verléhe dem werk zum aʊsgaŋ éne poetiṡhe wirkuŋ.

Subject: Go across
Date: Monday, March 20 2000 23:09:36 +0200
From: Peter.Loertscher@circ.ch
To: Peter.Loertscher@circ.ch

Hallo Pete

Circle Rider:
Starrst immer noch in deinen Mac? Drehst immer noch deine
Runden? Willst du dein nächstes Salär in VECU beziehen?
In der Zeit, wo Fritz Risikokapital beschafft,
Tomaso Tomatenreihen aufzüchtet, Iris Humankapital pflegt
und Paul Partituren zu Klangbildern erweckt, hockst du
hinter deinem grandiosen Papier.

Will méne mail naċ empfaŋ anklicken, doċ es kliŋelt das telefon: Pete, bist du's, presst Fritz in den hörer, es muss etwas geŝehen! – Fritz, iċ bin's, es muss driŋend etwas geŝehen, sonst fressen wir näċste woċe VECU. – Iċ vertrage im moment kénen ŝpass, Pete! Pause. Funkŝtille. Maċe kénen mucks. Bin klasse in solċen situaŝionen. Der andere erhiżt siċ, iċ blébe cool. Wenn dén geŝpräċspartner vor wut koċt, musst du geräuŝlos den funken übertragen, bis es zur explosion kommt. Alle psyċologiŝen und psyċedeliŝen werke vertreten éne andere theorè über das ŝwégen. Immerhin hat én wissenŝaftler ŝon festgeŝtellt: Ŝwégen ist mittélen. Also ŝwége iċ. Fritz hört méne gedanken. Naċ éner kostenintensiven telefonpause ŝpriċt er normal: Was ménst du mit VECU, ist das dè neuste ŝonkost von Iris? Mén herz frohlockt. Wè in der natur: ɛ̌n vulkan briċt aus, feuerregen ŝpét gen himmel, lava verbrennt dè erde, und naċ énem ŝreckensmoment des ŝwégens erkaltet alles. Nur wunden blében zurück, entgegnete mir Iris kürzliċ, und ŝpäter narben. – Wunden blében immer zurück, ŝpreċe iċ in den hörer. Aber Fritz ist niċt Iris. – Entwirfst du déne grabinŝrift, alter kumpel? Vécu comme chef de vente? – Mit dem jeẓigen salär reċt's niċt für éne grabinṡrift. Der kurs der VECU lėgt aꜩ am boden. – Ménst du ECU? Sé beruhigt, dė währuŋsunion holt uns ṡwézer niċt én! – Wart's ab bis ende des monaꜩ, dann überwése iċ dir éne tonne Virtueller Euro Currency Units. Das telefongeṡpräċ läꜩft siċ zu tode. Nun überlege iċ laꜩt, wo wir dė circṡen C beerdigen könnten. Am besten verbrennen wir sė. Vertélen dė überreste aꜩf dem züriċsee in alle windriċtuŋen. – Es gibt nur én rezept, én léċenbegräbnis für CIRC zu umgehen, mént Fritz. Jeder muss zehntaꜩsend harte ṡwézer franken cash aꜩf den tiṡ legen. Falls kéne fünfzigtaꜩsend zusammenkommen, verlese iċ dė todesurkunde. Wir verénbaren én treffen im Weissen Wind: Saal im ersten ṡtoċ. Frétag- abend. Neꜩnzehnuhr. Einunddréssigstermärzzwétaꜩsend. Sén oder niċt- sén. Ṡtége aꜩs dem netscapebrowser. Die e-mails blében ungeöffnet. Ṡtattdessen kliċe iċ mén marketiŋkonzept an, korrigére énige lebens- zyklen unserer dénstléstuŋspalette.

31

Das musste geféert werden! Dazu war das café wühre der geégnete ort. Pauls frau und du lehntet euch zurück. Ihr schlürftet héssen kaffee und tee. Unter euch schtrudelte dè limmat und trug dè gedanken fort. Heute morgen hattet ihr euch in der schtad getroffen, um den plan nochmals durchzugehen. Dè männer waren nicht éngewéht worden. Ihr wusstet, dass sè etwas auszusezen hätten. Also nahmt ihr ihnen dè last des abwägens ab und entschèdet selbst. Ihr seztet eure unterschriften unter den vertrag und brachtet das werk zur fraumünsterpost. Zwé verschworen sich, der e-mail-firma leben énzuhauchen. Virtueller büroraum mit realem boden. Firmensiz zum anfassen. Zum durchschréten. Vor tagen hatte dich Rita angerufen, én inserat aus dem tagi vorgelesen: ‹Fréschtehendes EFH in Wollishofen, an ruhiger und sonniger lage (sackgasse, tempo dréssig), mit see- und bergsicht, kauf oder mète. Chiffre C. Postfach Zürich.› Du seztest dich gléch hinter das bewerbunsschrében. Dèsmal mischte sich nèmand én. Nèmand redigèrte dénen text: ‹Als ausgewèsene führunskräfte wissen wir, dass sich der erfolg noch dèses Jahr énschtellt. Trozdem müssen wir auf dè finanzielle situazion rücksicht nehmen. Deshalb möchten wir das énfamilienhaʊs zu énem fairen prés mèten. Wir sind niċt abgenégt, den mètvertrag bé positiver entwiċluŋ des geśäftsgaŋs in énen kaʊfvertrag umzuwandeln.› Dann śildertest du dè firmensippśaft. Und legtest énen fotoabzug von der versammluŋ im Weissen Wind bé, obwohl dè gründerväter Fritz und Peter nur unśarf zu erkennen waren. Ślèsslich kramtest du énen entwurf des marketiŋkonzeptes hervor, der dir im umfaŋ zumutbar śèn. Zwé tage śpäter erhèlten Rita und du éne énladuŋ naċ Wollishofen. Eɹre herzen klopften, als ihr das verrostete ésentor zu énem verträʊmten garten aʊfśtèsst. Ein bizzares haʊs śtand vor eʊċ. Eine ältere dame öffnete dè türe. Diċke aʊgengläser glożten eʊċ an. Im hintergrund śtand ungelenk én mann. Obwohl dè béden niċt unterśèdliċer hätten sén können, gliċen sè siċ wè zwilliŋe: Mutter und sohn. Rita und du wurdet aʊf die veranda komplimentèrt. Aʊf dem tiś śtand éne silberne teegarnitur. Das mitgebraċte konfekt ergänzte das śtillleben. Hèr an der wühre erśènen dè bilder aʊs Wollishofen. Du fragtest Rita: Kannst du diċ an das geśpräċ aʊf der veranda erinnern? – Kaʊm, aber etwas ist mir geblèben, mutter und sohn waren siċ nè énig.

– Zum glück haben wir den vertrag alléne vorberétet, sonst wäre alles shièf geləufen. – Der sohn war angetan vom marketiŋkonzept, doch séne doofen fragen nervten mich. – Der shtudèrt an der uni und muss mit séner bilduŋ əuftrumpfen. Mich ershtəunt, dass dè mutter uns das həus zu énem vorzugsprés überlassen hat. Rita nichte. In Wollishofen hattet ihr geshpürt, dass shträucher und bäume euch willkommen hèssen, die erde für euch atmete, der see eure shpègelbilder mit dem həus verwob. Wer wollte da dèses klénod materiell bewerten? Was shpèlte der prés für éne rolle? Ihr wusstet nicht, dass Fritz zum zétpunkt des wührentreffs éne e-mail fünffach vertélte, in der er dè bankrotterkläruŋ androhte, wenn nicht bis ende monat én finanzwunder geshähe.

Ich pféfe vergnügt vor mich hin. Bin in topshtimmuŋ. Es ist brenzlig. Dè lage shpiżt sich zu. Und dè fünfzigtəusenderbotshaft von Fritz lègt ungelesen in der box. Werde sè anklicken und replyen, sobald ich én geshäft angerissen habe. Telefonère unununterbrochen. Klappere alles ab, um éne énnahmequelle zu finden. Ohne ergebnis. Wenige tage vor dem léchenmahl zėhe iċ sämtliċe nabelŝnüre aus den ŝteċkdosen. Alle stand-by-liċter erlöŝen. Kėn summton im telefonapparat. Kėn bit auf der neż-lėtuŋ. Absolute ŝtille. Ŝtülpe dė verŝtummten kopfhörer über mėne ohrmuŝeln. Lehne miċ im bürosessel zurüċk. Ŝlièsse dė augen. Berau-ŝende ŝtille. Rufe Andrea an, hohes tėr bė der werbefirma SCG. Ėne managerin zur ŝpäten ŝtunde im geŝäft hėsst arbėt bis über dė ohren. Oder ärger. Tippe auf ŝtunk. Beginne mit ėner ŝpaniŝen eröffnuŋ: Wes-halb grėfst du niċt auf mėn talent zurüċk, wenn du ėn so bedeutendes geŝäft davonŝwimmen sėhst? – Von welċem geŝäft ŝpriċst du? fragt sė nervös. Ihr atem verrät mir, dass feuer unterm daċ ist. Antworte un-beirrt: Das italieniŝe, mit dem du der SCG in südeuropa zum durċbruċ verhelfen willst! – Merde, mehr briŋt Andrea niċt durċ dė muŝel. Höre ihren puls hämmern. Ŝwėge noċ intensiver. Dė lava glüht. – Merde, wėderholt sė. Vėle menŝen ŝäżen dė naturkräfte falŝ ėn. Sė warten niċt, bis die lava erkaltet. – Dėses projekt ist topgehėm, nun sind doċ infos durċgesiċert. – Für diċ ist's ėn glüċsfall, dass iċ anrufe. Gemėn-sam finden wir ėnen weg, aus dem fiasko herauszukommen. – Es gibt kénen ausweg, Pete, dè zét ist abgelaufen. Woher hast du überhaupt dè infos? – Stehe unter gehémhaltuŋspflićt. Im gegensaż zu dir sehe ić éne rettuŋsmöglićkét. Du wirfst zwéhundertfünfzigtausend śwézer franken auf und hast bis ende má éne pfannenfertige lösuŋ. – Bist du übergeśnappt! – Du kannst den zaster aufwerfen oder ihn für dè konvenśionalśtrafe verwenden. – Das mit der konvenśionalśtrafe ist rećtlić nićt geklärt. Alternativen haben wir sowèso kéne mehr. – Śtimmt nićt, du kannst das projekt um zwé monate verläŋern, während dir éne ślagkräftige firma énen internetauftritt realisèrt. – Es ist mir zu riskant. Bis ende má śafft das nèmand. Nićt énmal dè SCG, prahlt sè. – Okay, dann lassen wir's, good bye. Ić lege auf. Das geśäft ist mir nun sićer. Da ić Andrea angerufen habe, befinde ić mić in éner ślećten verhandluŋsposiśion. Mit dem abbruć des telefonaż dreht sić jedoć das blatt. Ruft sè mić zurück, blébe ić śtur. Sè will ins business kommen, nićt ić. Ausserdem śteht CIRC auf gesunden bénen, ist nićt auf almosen angewèsen.

Noċ am selben abend kommt der rüċruf. Andrea hat mit ihren partnern dè finanziellen mögliċkéten erörtert. – Über hunderttaʊsend ṡwézer franken lègt niċṡ drin. – Dè gebühren für die telefonate kannst du mir in reċnuŋ ṡtellen, offerère iċ, unter zwéhundertfünfzigtaʊsend gehe iċ niċt. Dè fraʊ hat kéne ahnuŋ, was én multimedialer internetaʊftritt an zét und geld kostet! So bluffe iċ mit dem énsaż unserer ṡpezialisten aʊs London. Füge dè unumṡtössliċen CIRC-kondiṡionen an: Anzahluŋ von fünfzigtaʊsend in bar, überwésuŋ der restliċen zwéhunderttaʊsend aʊfs konto, diskreṡion zugesiċert. Die naċt wird noċ läŋer, als sè ṡon ist. Andrea maċt den zwéhundertfünfzigtaʊsenderdeal von éner präsentaṡion in Mailand abhäŋig, dè wir im aʊftrag der SCG bém kunden zu beṡtréten hätten. Als termin fixéren wir das monaṡende. Tag des léċenbegräbnisses. Elfnullnulluhr. Bé der direzione der continentale an der via san zanobi in Mailand. Énsażplan: Barzahluŋ von fünfzigtaʊsend an Iris, Paul ist unser londoner freak, Tomaso verhandluŋspartner vor ort. Deal éngefädelt. Teċnik unter ṡtrom. Alles aʊf stand-by again.

Rufe Fritz an. Lebensnotwendiges übermittelt man niȼt per e-mail. Man überbriŋt es per i-phone. Dem be uns niȼt zugelassenen bildtelefon. Wwwpunkttelpunktcum verwegert das gerät. Buȼṡtabentreʒe begründuŋ: I komme naȼ E, i-phone naȼ e-mail, zur zet bearbete man F, F wie fax. Beim imagephone zählen worte, mimik, gestik. Zappe miȼ aʒf enen kanal am TV. Signalisere dem banker, ebenfalls aʒf bild zu gehen. Dè Fritz'ṡhe fraże flimmert über dè bildröhre. ꟼantombildhaft. Mit dem ton klappt etwas niȼt. Fritz wèderholt fuȼtelnd ene message. Jeżt kommt etwas von sener ṡtimme. – Wo hast du diȼ dè ganze zet herumgetrèben? ziṡt er. Zuerst sind alle letuŋen beseżt, dann fällt be dir der ṡtrom für tage aʒs. – Warum hast du mir niȼt ene ambulanz mit blaʒliȼt vorbegeṡhiȼt? – Du wèsst, dass iȼ kene ṡhpässe ertrage! – Das mit der continentale ist ken ṡhpass. Das ist en fünfzigtaʒsenderdeal, den iȼ für frètag inszenèrt habe. Dann fäȼere iȼ mene zehn fiŋer werbewirksam aʒf, werfe sè Fritz übers bildtelefon fünfmal an senen kopf. Zehnmal fünf maȼt fünfzig. – Lass dè fiŋerṡhpraȼe beséte, tobt Fritz, was hat die continentale damit zu tun? Dann erkläre iȼ Fritz den deal. Und logge miȼ anślëssend bé Paul ën. Er ist skeptiś gegenüber éner präsentaŝion in Mailand. Er könne kurzfristig niċ̇ś vernünftiges aʋfs neż śtellen. Ślage vor, dè homepage von CIRC zu klonen. – Iċ kann unsere page niċt per knop̈fdruċ von CIRC in continentale konvertèren, śtöhnt Paul. Was verkaʋfen dè überhaʋpt? – Unser marketiŋkonzept passt aʋf jede firma! Mit én paar mutaŝionen krègen wir das hin! Und verblébe beim label CIRC, fahre iċ wéter. Continentale ist vèl zu laŋ, lässt siċ im internet niċt umseżen. Später müssen wir sowèso aʋf conti oder conto gehen. Ɛinzig Tomaso zégt begésteruŋ. Zudem kennt er énflussréċe leʋte bé der continentale: Tutti coniglii. Hot dogs. Alles kaninċen.

———

Unter wwwpunktsbbpunktcum rufe iċ den elektroniśen fahrplan der śwèzeriśen bundesbahnen aʋf. Konsultère dè verbinduŋen von Zürich naċ Milano. Da Huldrych Zwingli naċ́ś kéne anślüsse vergibt, müssen wir mit dem zug aʋs Bruxelles vorlèb nehmen, der um nullénsfünfundfünfzig von Basel ohne halt bis Chiasso durċ den gotthard donnert und um nullseċ́sfünfundvèrzig in Milano Centrale énfährt. Paul insistèrt, am

39

frėtagabend ėn konzert des orchestra filarmonica della scala unter der lėtuŋ von Riccardo Muti zu besuɔen. Also ėne naɔt in Mailand zu verbriŋen. Bin dagegen. Für dė rückfahrt sind drė pläże im ticino reservėrt. Falls wir Milano um fünfzehnuhrnullnull verlassen, errėɔen wir Zürich um neʊnzehnuhraɔtundzwanzig und können etwas verʃpätet im Weissen Wind aʊfkreʊzen. Uns dem kaninɔenfrass widmen. Paul geʃteht, sė hätten berėʦ drė tickets an der scala ergattert, weshalb sė siɔ für dė rückkehr am frėtag entʃuldigten. Ɛin fait accompli! Ʃtelle mir jedoɔ vor, wė Fritz aʊf unser aʊsblėben zum lėɔenbegräbnis reagėren wird, und verziɔte aʊf dė triumþfahrt mit dem ticino. Als dank für mėne bewegliɔkėt ʃiɔt mir Paul ėne mail: ‹Am abend dirigėrt der þilosoþ und musiker Riccardo Muti. Im ersten ʃtück von Giovanni Battista Pergolesi erkliŋt das Stabat Mater für sopran, mezzosopran, ʃtrėɔer und orgel (ʃtell dir vor, mit den säŋerinnen Barbara Frittoli und Anna Caterina Antonacci!). Danaɔ folgen säże aʊs der sinfoniʃen suite Turandot opus ėnundvėrzig von Ferruccio Busoni. Und, du wirst aʊsflippen und dėnen entʃėd niɔt bereʊen: Der abend endet mit Pini di Roma, poema sinfonica von Ottorino Respighi. Mit den säżen i pini di villa borghese, pini presso una catacomba, i pini del gianicolo und i pini della via appia. Das orċester ist dė konzertformaŝion der opera della scala.› Jeżt erhalte iċ, von Fritz per fax zugeŝtellt, dė ersten infos über dė continentale: Rėhen von bilanzen, erfolgsreċnuŋen des konzernagglomeraŝ, vertrauliċe aussagen von bankern, aktennotizen über dė börsenkapitalisėruŋ. Eine liste von funkŝionsträgern der continentale ŝtellt mir Tomaso zusammen. Es ist ihm geluŋen, den gefeuerten marketiŋchef in ėnem telefonat festzunageln. Paul seżt noċ ėns drauf. Naċ dem ausŝwėfer in das musikalisⱨe naċtleben Mailands zapfte er weltwėt alle wirtⱨafŝdatenbanken an und holte material über dė continentale herėn. Ŝtudėre dė ersten sėbenundvėrzig dokumente von drėhundertėnundzwanzig naċ inhaltliċer relevanz. Es kommt ėn velobliżkurėr vorbė, briŋt ėne mappe dokumente direkt von Andrea per express zugesanċ. Überall praŋt in roter druċkfarbe ėn ‹ŝtreŋ gehėm›. Werfe den ganzen ŝtapel in den ŝredder. Und verⱨanze miċ hinter mėnem MAC. Dė wohnuŋskliŋel rėsst miċ jäh aus mėner arbėt: Bist du's Iris? – Ja, Peter, es tut mir lėd, dass iċ so ŝpät noch ṡtöre. Ihr gesicht ist fahl. Einzig ene grüne haarṡträhne hellt es etwas aʋf.

———

Iris dringt in mene jungesellenbude en. Ṡhaʋfle ihr enen siż am tiṡh fre, kämpfe mich zur küche durch. Mahle enen kaffee, seże dè macchina aʋf den herd, anle nach zwe klenen tassen. In menen vorräten suche ich etwas essbares, bis ich in ener blechbüchse enen rest amaretti finde, fen säʋberlich in farbige papèrchen engewickelt. Wè ich mit espresso und amaretti ins wohnzimmer balancère, kommt Iris aʋch ṡhon aʋf den punkt: Ich bin verzwefelt, ṡluchzt sè. – Nimm enen ṡluck espresso, muntere ich aʋf, über CIRC braʋchst du dir kene sorgen zu machen. Der zaster flègt dir morgen mittag zu. Sè versṡteht nicht, wovon ich ṡpreche. Sè redet von enem unseligen vertrag, den sè mit Rita abgeṡlossen hat. Ich verstehe nicht, wovon sè ṡpricht. Dann erklärt sè, wè sè mit Rita en haʋs mit garten ins herz geṡlossen, enen mètvertrag mit der besiżerin verenbart habe. Da ich dè mails nur oberflächlich durchṡtöbert habe, ist mir der ṡlagabtaʋṡh mit Fritz entgangen: Sene hiobsbotṡhaft zum lechenbegräbnis kreʋzte sich

42

mit der freudigen naċriċt der frauen. Soll das bedeuten, dass CIRC kėne elektroniṡe brėfkastenfirma mehr blėbt, sondern ėne mit grund und boden? Mit real estate, wė dė amerikaner sagen? Mit der imageteċnologė ersṡparen wir uns den teuren firmensiż! Könnten bald meetings durċführen. Virtuelle teamsiżuŋen. An imagephonesiżuŋen brauċt man niċt nur zu siżen, man kann in der ėgenen wohnuŋ auf und ab gehen, sogar aufs klo, falls dė kamera riċtig posiṡionėrt wird. CIRC ist ėne mögliċe wirkliċkėt. Das ṡpriċt gegen Wollishofen. Iris mėnt jedoċ, es sė an der zėt, siċ regelmässiger zu sehen. Wir bräuċten das virtuelle neż deshalb niċt ganz aufzugeben. – Der kaffee ist auċ reell und dampft, jedenfalls weċt er mėne lebensgėster. – Und dė amaretti kann man auf der zuŋe zergehen lassen Iris, das ist mir klar. – Dann bist du auf unserer sėte? fragt sė. Paul, Tomaso und iċ finden dė saċe gut. – Bin auf kėner sėte, bin ėn circle rider. – Iċ verṡtehe diċ niċt. – Ƹn krėsfahrer zėht krėse, er kennt weder vorn noċ hinten, weder links noċ reċts, kėn oben und unten, kėn innen und aussen.

Freꞩtag, eꞩnunddreꞩssigsterdritter, nulluhrfünfunddreꞩssig. Du sasst hinter dem ꞩteꭒer und fuhrst aꭒf der böżberglinie riċtuŋ Basel. Kurz vor Rhein-felden eröffnete dir Peter, der firmensiż käme in ordnuŋ. Er würde eꞩnige millen aꭒfwerfen, um deꞩ jahrespaꭒꞩale abzugelten. Dann er-mahnte er diċ, heꭒte in der wohnuŋ aꭒf den geldkureꞩr der continentale zu warten. Du erklärtest, bargeld in deꞩser höhe entgegenzunehmen seꞩ verantwortuŋslos. Er erwiderte, selbst deꞩ post-, telegraþ- und teleþon-gesellꞩaft helveticum könne es siċ leꞩsten, ohne grössere siċerheꞩts-vorkehruŋen millionenbeträge in der fraꭒmünsterpost zu lagern. Peter insisteꞩrte, deꞩ fünfzig eꞩntaꭒsender der continentale Fritz eꞩnzeln aꭒf deꞩ hand zu blättern. Ohne worte. Du wolltest Peter widerꞩpreċen. Da miꞩten siċ Paul und Tomaso eꞩn, seꞩ würden für das überleben von CIRC deꞩ seꞩben ꞩmerzen der Maria durċleꞩden. In der zwiꞩenzeꞩt gelaŋtet ihr ans rheꞩnkneꞩ. Deꞩ ꞩtaċ ꞩleꞩf. Oh ꞩreċ, du hattest diċ verfahren! Anꞩtelle riċtuŋ haꭒptbahnhof zum badiꞩen bahnhof. Peter half dir zurüċ. Ihr durċꭒertet das cibaareal. Deꞩs führte zu eꞩner diskussion über novartis: marktchancen, börsenentwiċluŋ, ꞩtandortfrage. – Weꞩ sind deꞩ über-

lebenschancen éner megafusion? wolltest du wissen. – Niċt gross, ménte Peter. Denn nova ist dè faċbezéċnuŋ für énen ṡtern, der durċ ex-
plosionen kurz aʊfleʊċtet, dann aber erliṡt. Paul war weniger skeptiṡ.
Unter nova verṡtehe er neʊeruŋen. Und artes séen dè sèben künste der
antike: grammatik, rhetorik, dialektik, arithmetik, geometrè, astrono-
mè und musik. Jeżt kam Tomaso aʊs der reserve. Novatianer séen, naċ
dem römiṡen presbyter Novatian aʊs dem dritten jahrhundert, anhäŋer
éner sittenṡtreŋen altċristliċen sekte. Peter laċte, man müsse nur an
mister Morast denken. Paul gab niċt aʊf. Wenn man naċ wortverwanḋ-
ṡaften oder bekannten persönliċkéten suċe, käme ihm der däniṡe
ṡpraċwissenṡaftler Jespersen in den sinn, der neʊnzehnhundertaċt-
undzwanzig dè weltṡpraċe novial aʊsgearbétet habe. Peter konterte,
um éne werbewirksame wortṡöpᵱuŋ zu finden, hätten dè marketiŋ-
verantwortliċen von novartis das werk von Jespersen besser ṡtudèren
sollen. Wer ṡpriċt heʊte noċ novial? Endliċ ṡtand der riċtige bahnhof
vor eʊċ. Der ṡwézeriṡe.

Dė hėmfahrt war ėne gėsterfahrt. Alle fünfzehn minuten musstest du auf ėnen parkplaż ausweꞔen, ėne autobahnausfahrt nehmen, naꞔ frisher luft shnappen. Dėne augenlider felen zu. Es war drė uhr morgens, als du dėne wohnuŋstür aufshlossest. Todmüde tapptest du in dė küꞔe und presstest dir ėnen fruꞔtsaft. Dėne drė musketėre donnerten wohl dem gotthardtunnel zu? Oder zogen sė krėse um den kirꞔturm von Göschenen? Dir kam Peters krėstheorė in den sinn. Du wusstest: Dė krėszahl π ist weder ėne ganze zahl, noꞔ kann sė als bruꞔ zwėer ganzer zahlen dargeshtellt werden. π ist ėne irrashionale zahl. Shtellt man π als ėne zahlenfolge dar, erhält man nė ėn wėderkehrendes muster, das siꞔ ins unendliꞔe fortseżt. Yasumasa Kanada von der universität Tokio hält den bereꞔnuŋsrekord für π, bis auf seꞔs milliarden shtellen hinter dem komma. Sėn π beginnt mit 3,141592653589793238462643383279502884197169399375105820974944592307816406286208998628034825342117067982148086513282306647093844609550582231725359408128481117450284102701938521105559644622948954930381964428810975665933446128475648233786783165271201909145648566923460348610

454326648213393607260249141273724587006606315588174881520920962829254091715364367892590360011330530548820466521384146951... Déne müdigkét war weg. Du lèssest én bad énlaυfen. Gabst énen śhuss waᴄholderessenz bé. Welᴄhes ist dè wiᴄhtigste konstante in unserem leben? Jeder mathematiker würde sofort mit π antworten. π ist dè zahl, dè das verhältnis zwiśhen krésumfaŋ und krésdurᴄhmesser aυsdrüᴄt, unabhäŋig von der verśhèdenartigkét der króse. Warum ist dèse bezèhuŋsgrösse irrationbal? Mit dem verśhtand niᴄht fassbar? Warum hat sè nur den śhén der wirkliᴄhkét? Du śhtelltest dir dè frage: Gibt es im menśhliᴄhen leben bezèhuŋsmuster, dè gléᴄh der zahl π ins unendliᴄhe fortgepflanzt, siᴄh nè reproduzèren? Peter. Peter interessèrt siᴄh weder für zahlen noᴄh für bezèhuŋen zwiśhen zahlen. Sén śhlüssel lègt im śhwégen. Sobald dè distanz gross ist, hatte er dir bé dénem besuᴄh offenbart, ist alles śhwégen. Er zégte aυfnahmen von der erde, dem internet entloᴄt. Aυᴄh bliȥe und donnergrollen séen aυs der luke énes satelliten niᴄht hörbar, nur visuell wahrnehmbar. Du śhüttetest essenzen naᴄh. Peters śhwégen, dè śhtille der natur.

Nun siżen wir im ŝnellzug Bruxelles – Milano, türmen dė e-books vor uns auf. Paul frohloċt, denn dė belgiŝen wagen ŝtrożen vor ŝtrom- und neżanŝlüssen. Er häŋt siċ ans internet, demonstrėrt dė abgeänderte homepage von CIRC. Und mėnt, die ŝwėzeriŝen bundesbahnen könnten an der ŝwelle des ėnundzwanzigsten jahrhunderŝ kėne verglėċbare kommunikaŝionsteċnologė anbėten. Paul hatte ėne werbe- und verkaufsplattform für dė kunden der continentale geŝaffen. Dazu definėrte er dė gruppen youngster, teenager, sportliner und sprightliner. (Man ist kindliċ, jung, ŝportliċ oder rüstig.) Bė den youngstern und teenagern missfėl ihm das beweguŋslose bildmaterial. So hatte er siċ werbespots aus dem italieniŝen fernsehen zusammengeŝnitten. Tomaso ŝtösst siċ bei den sport- und sprightlinern am begriff liner. Linea sė bė den azurri zwar mode, doċ für dė bezėċnuŋ von ŝportbewussten italienerinnen und italienern oder für dė gewinnuŋ schmuċbehaŋener vecchi sė dėser ausdruċ daneben. Iċ erkläre Tomaso, das marketiŋkonzept sė niċt italieniŝ, sondern amerikaniŝ. Müssen uns im internet auf das kundenpotenŝial der amerikaner und auf dasjenige der amerikafreundlichen kreise énrichten. Europa ist wegen nationaler énfärbungen ungeeignet. Für sén referat bé den coniglii schlage ich ihm vor, dè sportliner mit maestri di sport, dè sprightliner mit maestri di moneta zu übersezen. Nach dem ausflug in dè namensproblematik kommt dè idee auf, dè erste page mit dem werbeslogan ‹your circle of continentale› zu eröffnen, sukzessive das circle durch krésanimationen auf CIRC hinzuführen, gléchzétig das massige continentale verschwinden zu lassen. Paul ist begéstert und zèht sich in sén schlafabtél zurück. Er will sich an dè vorgeschlagenen änderungen machen. Aber das licht nimmt plözlich ab. Stromausfall. Wir sizen im dunkeln.

─────

Dè italiener attackéren den SQA, unseren Swiss Quality Award. Mit schwézerischer pünktlichkét fahren wir um sechsuhrfünfundvèrzig in den bahnhof centrale én. Vor der halle angelt Tomaso uns én taxi, dirigèrt es durch den frühverkehr in richtung hotel la spezia. Weshalb hocke ich hèr? Was erwarte ich von CIRC? Was gibt mir sinn im cyberspace? Wéss von kindsbénen an: Geburt und tod beschtimmen virtual life! Rede mir én, dè begrenzthėt des lebens sė sinnʃpender. Doḋ alle träumen von hohem alter. Was maḋst du, wenn ėne wegʃtreȼe niḋt begrenzt blėbt? Wė überwindest du dė ʃpanne zwiʃen ableben und unʃterbliḋkėt? Wė führst du ėn leben ohne tod? – Gehen wir dė präsentaʃion noḋmals durḋ? will Paul wissen. – Bin todmüde, erwidere iḋ meḋaniʃ. Es ist mir niḋt bewusst, dass unser taxi vor dem la spezia ʃteht. – Aṷḋ iḋ habe kėne lust, mėnt Paul, und du, Tomaso? – Sėt der gestrigen naḋt bin iḋ bestens vorberėtet. Iḋ wėss jeżt, wė man youngster, teenager und borderliner aṷf italieniʃ anʃpriḋt. Wir verabreden uns für halb elf in der hotelhalle. Jeder verzėht siḋ in sėn gemaḋ. Ʃtürze ins badezimmer, drehe dė duʃe aṷf. Dė frage naḋ dem lebenssinn versiȼert im siþon. Gehe dė präsentaʃion ʃritt für ʃritt durḋ: Andrea begrüsst dė coniglii. Iḋ stelle das marketiŋkonzept aṷf amerikaniʃ vor. Paul untermaṷert dė aṷssagen mit internetbėʃpėlen. Zum ʃluss feṷert Tomaso aṷf italieniʃ dė USP ab, dė Unique Selling Proposition.

Der eulenruf, der wettermaćer, der kluge regenbaum. Der tiś war über-
sät gewesen mit bućtiteln. ‹Regenbaum hèsst er deshalb, wél bé ihm
das wasser, wenn es naćś énen śauer gegeben hat, am näćsten tag
śpätestens bis zum naćmittag aus den blättern tropft, als ob es regnet.
Andere bäume werden gléć wèder trocken, er dagegen hat éne meŋe
fiŋerdicker, kléner blätter, in denen er den regen śpéćert. Èn kluger
baum, nićt wahr?› Verśtohlen hattest du das geöffnete bućh zurückge-
legt, als Peter mit espresso und amaretti aus der küćhe śteuerte. Zum glück
war er mit sénem tablett beśäftigt gewesen und hatte nićś gemerkt.
Dèser zwiśenfall kam dir in den sinn, als du naćh der näćtlićhen irrfahrt
am frühśtück sassest. Befandest du dić nićt auf éner entdeckuŋsrése?
Der besućh bé Paul hatte dićh in éne fremde klaŋwelt geführt. Und bé
Peter: Bücher! Peter lèss nèmanden zu nahe kommen. Bé CIRC, wenn ihr
euć begegnetet, blèb éne kaum wahrnehmbare distanz. Du erinnertest
dićh an den wećselhaften abend im Weissen Wind. Nèmand hatte én
wort von séner persönlićhen vergaŋenhét présgegeben. Jeder trug éne
last auf sićh. Peter war in dèser hinsićt der verślossenste. Éinige tage naćh

dem treffen im Weissen Wind warst du auf Peter geshtossen, als du nach énem buch geshtöbert hattest. Überrasht warst du, Peter im erdgeshoss béi der belletristik anzutreffen. Um ihn zu provozèren, hattest du gefragt, welches buch über dè lèbe er dir empfehlen könne. Er reagèrte ohne énen hauch von verlegenhèit und antwortete shpontan mit NP. Die béiden buchshtaben shprach er enlish ‹enpi› aus und fügte nach éner pause North Point an. Shon damals kanntest du Peters vorlèbe, in brenzligen situatsionen aufs enlishe auszuwèchen. (Er selber kürzte dèse manöver mit AUNS ab, was American UN Sense hèissen sollte.) Es handelte sich um das werk éner japanishen jungautorin! Peter hatte im geshtell nach dem roman von Banana Yoshimoto gegriffen, dir das buch wortlos in dè hand gedrückt, sich von dannen gemacht.

Éine illustre gesellshaft drängt sich in den mit kronleuchtern behangenen saal. Andrea ist nervös wè én fohlen. Sè versucht, dè kaninchen von Mailand den gnomen von Zürich in der richtigen hèrarchishen rèihenfolge vorzushtellen. Tomaso rudert mit den armen, als ob es ums überleben ginge.

Paul vershanzt sich hinter sénem e-book, testet den beamer durch rasant erzeugte farbfolgen. Das begrüssungszeremoniell dauert. Bis alle den richtigen platz ausgesucht haben, im nappaleder versinken, shtreche ich jede zwéte folie aus ménem vorgesehenen referat. Reduce to the max. Jetzt kommt Andrea zu wort. Sè shildert in allen nuancen dè vortéle éner zusammenarbét mit der SCG. Horse piss. Dann brüstet sich der ad interim gewählte marketingléter der continentale. Séne ausführungen gipfeln im aufruf, verzicht auf anglizismen. Bullshit. Jetzt bin ich an der réhe. Ich shtarte mit mi dispiace, bevor ich auf mén kalifornishes english auswéche. Und übershpringe dè mésten folien, so dass dè internetsequenzen von Paul asynchron zu ménen ausführungen verlaufen. Das fahnenshwingen und dè gegen den gotthard gerichteten echorufe von Tomaso können unsere presentazione nicht mehr retten. Rabbit muck.

Hallo, knackste éne südländishe shtimme im draht. – Hallo, erwidertest du mit dénem besten züridütsh. Es war Tomaso. Er shèn zershtört auf mäländer boden zu lègen, shprach verwirrt von irgendwelchen coniglii. Um

53

ihn aufzuſtellen, fragtest du ihn, ob ſè beréſ am kaninꞔenſhmaus séen.
Danaꞔ braꞔ er in tränen aus. Du entſhuldigtest diꞔ für déne unüberleg-
te reakſion. Du warst so siꞔer gewesen, dass déne dré kollegen bé der
continentale erfolgréꞔ sén würden. Nun konzentrèrtest du diꞔ darauf,
Tomaso wèder auf dè béne zu briŋen. Du empfahlst ihm, am naꞔmittag
mit Paul und Peter énige sehenswürdigkéten in Mailand zu besiꞔtigen,
siꞔ auf den orꞔesterauftritt am abend zu freuen. Dann wolltest du én
paar worte an Peter riꞔten. Dèser sé bém jüŋsten ſhpross der besiżer-
familie, versuꞔe, éne ſhpesenentſhädiguŋ herauszuholen. Paul miſhte siꞔ
én und forderte diꞔ auf, den vertrag mit Wollishofen aufzulösen. Das
ganze hätte kénen sinn. Du batest ihn, den kopf niꞔt häŋen zu lassen,
auf dè kraft der musik zu vertrauen. Léd werde durꞔ das Stabat Mater
niꞔt geſhmälert, kommentèrte Paul. Dann gab er noꞔ dè telefon-
nummer des hotels durꞔ und legte mit énem klagelaut auf. Du fühltest
blégewiꞔte an dénen füssen und brautest dir énen grüntee. Erst als du
den tee geſhlürft hattest, wagtest du diꞔ, Fritz anzurufen: Continentale
ist én flop. – Iꞔ habe niꞔſ anderes erwartet, auꞔ iꞔ werde dauernd ver-

tröstet. – Arbeṡlose haben keńe chance. – Unsere firma ist eń nobody. Wir sollten unseren potenziellen kunden eńe erfolgsstory aͧftiṡhen. – Ṡhpätestens beͅ der bekanntgabe von referenzen wird man uns aͧf deͅ ṡhliҁe kommen, gabst du zu bedenken. – Wir leͅsten uns den luxus und geben keńe referenzen an, nur friseͅrte umsażṡhteͅgeruɳen. Naҁ deͅsem geṡhpräҁ beṡhlosst ihr, deͅ siżuɳ im Weissen Wind abzusagen. Fritz beṡhtand aber daraͧf, CIRC formell zu begraben, falls seńe finanziellen bediɳuɳen niҁt erfüllt würden. Unter druќ verṡhpraҁst du, Fritz gegen abend in seńer wohnuɳ aͧfzusuҁen, um eńe telefonkonferenz mit den kollegen in Mailand zu arrangeͅren.

─────

Beͅ rüќṡhlägen verzogst du diҁ entweder ins dampͤende nass, oder du miṡhtest diҁ unters volk. Deͅsmal loќte das café ṡhaber. Aͧf dem weg dorthin besorgtest du parmaṡhinken und in olivenöl eńgelegte tomaten. An passendem weͅn würde es Fritz niҁt fehlen. Deͅ sonne kam knapp über deͅ däҁer. Du fandest eń freͅes tiṡhҁen vor dem ṡhaber. Hinter dir praɳten süssigkeͅten in den hellsten farben. Dann beṡhtelltest du eńe porʈion grüntee und ene aʊswahl zürꭓer leꭓerli. Zu dėser zėt gehörte das café den fettlėbigen damen mit ihren plüʃhunden. Sė wagten niꭓt, drausssen plaʒ zu nehmen. Du konntest ihr kommen und gehen beobaꭓten. Wann würdest du wohl dėne waŋen rot färben und dė gesiꭓtszüge hinter puder verbergen? Du bissest in ėn leꭓerli. Der friʃe nuss- und marzipangeʃmaꭑ verseʒte diꭓ naꭓ Mailand. – Bist du nėdergeʃlagen? fragtest du Peter im selbstgeʃpräꭓ. – Bė tėfʃlägen ist man allėn aʊf siꭓ geʃtellt, nėmand kann das lėd ʃmälern. – Kann man siꭓ niꭓt gegensėtig trost ʃpenden? – Du kannst nur trost ʃpenden oder empfaŋen, wenn du selber aʊs dem tėf bist, belehrte diꭓ Peter aʊf virtuelle wėse. – Du würdest nė dė hilfe ėnes freundes annehmen, der diꭓ in ėner krise tröstet? – Du sagst freund und mėnst seelsorger, der sėn brot von den sorgen armer seelen verdėnt. Ėn wahrer freund ʃwėgt in der not. Der bissen blėb dir ʃteꭑen. Du gossest tee naꭓ und nahmst vorsiꭓtig ėnen ʃluꭑ. Peter würde heute naꭓmittag dė hektiʃe ʃtaꭑ hinter siꭓ lassen und ėnen ruhigen ort aʊfsuꭓen, um siꭓ wėderzufinden. – Ėnen ʃtėnbruꭓ, fėl dir Peter in dėne gedanken. Du musst ėnen ʃtėnbruꭓ aʊfsuꭓen.

Ꞩtėne ꞩtören dėne ruhe niȼt. Sė sind wė ohren, hören dėne sorgen und nöte an. Oder ėn baȼbett, im baȼbett sind dė ꞩtėne abgeweżt. Runde ꞩtėne nehmen dė wärme der sonne besser ꜳf als kantige und ꞩartige. Für diȼ sind runde ꞩtėne das riȼtige.

Dė wohnuŋ von Fritz war sėn abbild: Alles befand siȼ säꝫberliȼ am riȼtigen ort. Der wėn, ėn pommard grand cru, war dekantėrt. Dė glaskaraffe und zwė burgundergläser ꞩtanden ꜳf dem tiꞩ. Vor so vėl ꞩtil vergassest du, naȼ dem jahrgaŋ des wėnes zu fragen. Du wiȼeltest den parmaꞩinken ꜳs, ꞩnittest brot, arrangiertest oliven und tomaten ꜳf ėnem teller. Fritz goss bedäȼtig von sėnem tropꝭen in dė gläser, prostete dir zu: Ꜳf unseren zirkel. – Ꜳf bessere zėten. Um das geꞩpräȼ von der firma abzulenken, fragtest du: Wė bist du zu dėsem wėn gekommen? – Ꞩmeȼt er dir? Du niȼtest, wartetest ab, ob der wėn sėne wirkuŋ zėgte. – Das ist ėne laŋe geꞩiȼte, dė iȼ dir ėn andermal erzähle. – Wir haben zėt. – Du hast reȼt, Iris. Nun nahm er ėnen ꞩluȼ des exzellenten pommard. Dann ꞩwėfte er zurüȼ in sėne ꞩtudentenzėt. Damals büffelte er ökonomė an der uni, promovėrte aʋf ėnem ɦpezialgebėt des bankwesens. Niċt ohne ɦtolz zėgte er dir sėne doktorarbėt mit der widmuŋ: Vitae cum laude – in vino veritas. Naċ dem ėntritt bė rotwild, ėner privatbank, dė vor allem in London, Genf und Zürich geɦäfte anbot, ɦtėg er in dė chefetagen aʋf. Dė hėrat mit der toċter aʋs ėner adelsfamilie half ihm ins direktorium. Mit der zėt sah siċ Fritz mehr und mehr von den wėnsorten in bann gezogen. – Dė bankzahlen regten mėnen intellekt an, der wėn mėnen gėst. Naċ der trennuŋ von sėner fraʋ ɦraʋbte dė bank dė umsażżėle ins unermessliċe, bis Fritz sėnen job qʋittėrte. Das ėnzige, was er retten konnte, waren vinothek und ɦulden. – Weshalb verhökerst du dėne wėne niċt, um dė ɦulden abzubaʋen? – Ohne mėne wėne kann iċ niċt leben. Iċ würde miċ eher umbriŋen. Du ɦtandst aʋf, ɦrittest das grosse arbėżzimmer ab, das Fritz als wohnuŋ dėnte. Alle wände waren mit faċbüċern über das bank- und finanzgeɦäft tapezėrt. Endliċ fėl dir ėne frage ėn: Wo sind dėne büċer über rebhäŋe und wėnsorten? – In mėner vinothek am predigerplaż. Iċ zahle zwar ėn vermögen, aber dė temperatur ist gut.

Dė lėbe zu den primzahlen entdeċtest du dank Sophie Germain. Sė war am ersten april sėbzehnhundertseċsundsėbzig in Paris zur welt gekommen, śtudėrte mathematik an der école polytechnique und vergötterte zahlen, dė mit dem tag ihrer geburt und ihrer glüċszahl fünf in bezėhuŋ śtanden. Germain erreċnete ėne klasse von primzahlen, für dė galt, dass zwėmal dė zahl plus ėns ebenfalls ėne primzahl ergibt. Naċ dėner kalkulaśion müsste dė zahl fünf zu Germains gattuŋ gehören, wėl zwė mal fünf plus ėns dė primzahl elf ergibt. Dė zahl drėzehn hingegen wäre aʋsgeślossen: Zwė mal drėzehn plus ėns lässt siċ drėfaċ tėlen. Das śeppern ėner kliŋel weċte diċ. Fritz lėf zur wohnuŋstüre und rėf: Du bist's Andrea? Wė geht's unserem trio grande? – Darf iċ erst ėnmal ėntreten und miċ seżen? Dė fraʋ war adrett geklėdet. Ihre aʋgen bliċten müde, troż diċ aʋfgetragener śminke. Fritz śtellte eʋċ mit vornamen vor. Dann erklärte er, dass Andrea bė der werbeagentur SCG für Italien verantwortliċ sė. – Ah, du bearbėtest dė continentale! entfuhr es dir. – Besser gesagt dė CIRC-gruppe, korrigėrte diċ Andrea, der urśprüŋliċe firmenname continentale wird nur noċ formell wėtergeführt. Für den werbe- und verkaꭎfsaꭎftritt haben wir uns naᐸ langem hin und her aꭎf das neꭎe label CIRC geénigt. – Séd ihr verrüᐸt, tobte Fritz, unser firmenname ist geꭍüżt und unverkäꭎfliᐸ! Jeżt war dė müdigkét im gesiᐸt von Andrea wė weggewiꭍt. Dė werberin erklärte triumþèrend: Pete, Paul und Tomaso haben uns das label für zwölf kilo gold verkaꭎft. Bevor Fritz explodèrte, öffnete Andrea ihre handtaꭍe und präsentèrte ihm zwé mal fünf mal fünf éntaꭎsender in ꭍwézer währuŋ. Dann ermahnte eꭎᐸ Andrea, das marketiŋkonzept für CIRC bis ende má abzulèfern, gegen dė restzahluŋ von zwéhunderttaꭎsend franken. ꭍlèssliᐸ fügte sè an: Eꭎre leꭎte in London haben gute arbét geléstet. Fritz warf dir énen verꭍtändnislosen bliᐸ zu. Du musstest laꭎt heraꭎslaᐸen.

———

Mailänder scala. Wir suᐸen unsere pläże im hinteren tél der loge. Tomaso ist aꭎfgekrażt. Ɛin opernglas baꭎmelt aꭎf séner brust. Paul ist in siᐸ gekehrt. ꭍpriᐸt kén wort. Das gekiᐸer der mäländerinnen erréᐸt ihn niᐸt. Endliᐸ wést uns én page das riᐸtige logenabtél zu. Tomaso und Paul nehmen dė balustradensiże én, iᐸ maᐸe mir's im hintergrund beꭎem.

Dė erste gėge ŝtösst verŝpätet zu den orċestermusikern. Jeżt beruhi-
gen siċ dė saalbesuċer. Als Riccardo Muti in beglétuŋ der solistinnen
erŝént, erhöht siċ dė þonzahl. Der maestro erhebt den taktŝtoċ zu
Giovanni Battista Pergolesis Stabat Mater. Ä̇usserste konzentraŝion bé
den orċestermusikern. Iċ lehne miċ zurüċ, lasse den tag revue passė-
ren: Dė präsentaŝion vor der contigemėnde war én flop. Naċ dem de-
bakel häŋte iċ miċ an signore Colatrella, der als énziger dė internet-
demo mitverfolgt hatte. Ŝlėssliċ bat er miċ, das marketiŋkonzept im
detäl mit ihm zu diskutėren. In sénem büro rèf iċ unsere homepage ɑf.
Dė ŝwiŋenden krése permutėrten zu kundensegmenten. Er fragte, was
wir unter sportliner und sprightliner verŝtünden. Ŝtatt éner erkläruŋ
demonstrėrte iċ ihm potenzielle absażzahlen für dė segmente maestri
di sport und maestri di moneta. Tosender applɑs unterbriċt méne gedanken. Tomaso deɥtet ɑf dė sétenŝliże in den roben der solistinnen.
Tatsäċliċ, als sė hinaɥsgehen, kann man, dernier cri à milano, bé béden
fraɥen je énen riss bis zur hüfte bewundern. In der paɥse briċt Paul sén
ŝwégen. Er ŝwärmt: Muti hat das werk durċ féne melodiennaċzéċ-

nuŋen als kammermusik interpretèrt. Troż laŋsamer tempi sorgten Barbara Frittoli und Anna Caterina Antonacci für ṡpannuŋ. Versèrt in der
verzèruŋsteċnik haben sè das moderne in der persönliċ empfundenen
marienklage heraᴜsgeṡtriċen. Iċ zèhe miċ ins logenabtèl zurüċ. Zu
vèle èndrüċe beeŋen miċ. Wè bè der vormittagsvorṡtelluŋ im kron-
leᴜċtersaal. Dort trank iċ vor nervosität literwèse san pelegrino und
musste miċ deshalb während mèner demo bè signore Colatrella ent-
ṡuldigen. Aᴜf der mit marmor verklèdeten toilette ṡtèss iċ aᴜf Tomaso.
Er war lèċenblass. Pinkelnd fragte iċ ihn, weshalb er dè mannṡaft
immer als coniglii beṡimpfe. Er flüsterte mir ins ohr, der in Zürich ver-
ṡtorbene anwalt Bernasconi habe ihm anvertraᴜt, dass padre Signorelli,
der siċ heᴜte unter dem grössten kronleᴜċter nèdergelassen hatte,
wegen sèner hervorṡtehenden hasenzähnen als il coniglio bezèċnet
würde. Das alþatèr ṡteċe mit der in Mailand ansässigen loge pezwè
unter èner deċe, doċ dè zürċer bezirksanwaltṡaft habe dè ermittluŋ
verètelt. Iċ ṡaᴜte Tomaso tèf in dè aᴜgen und lèss ihn mit dem verpiss-
ten marmor von Carrara allène zurüċ.

Bevor du müde ins bett felst, gabst du én telefoniśes telegramm ans la spezia in Mailand aʊf. Du śrèbst: Peter, Paul und Tomaso. Śtopp. Bin überglüćlić über ćoup. Śtopp. Andrea überśtand geldtransport. Śtopp. Fritz verdaʊt verlust von CIRC. Śtopp. Wèdersehen in Wollishofen. Śtopp. Eʊre Iris, botśhafterin des olymps. Fin.

Der vorhaŋ der mailänder scala hebt siċ. Mutis taktśtoċk wirft miċ in dè continentale zurüċk. Naċhdem iċ in Colatrellas büro zurüċkgekehrt war, braċhte iċ das geśpräċh aʊf den punkt: Ohne il coniglio kén zaster, ohne zaster kén internetaʊftritt. Abrupt wurde dè verhandluŋ in konkrete bahnen gelétet. Weshalb iċ den maestro kenne, wollte signore Colatrella wissen. Iċ würde ihn niċt kennen, aber iċ wisse um dè existenz énes dokumentes aʊs éner geśhäftsverbinduŋ mit der privatbank rotwild, bluffte iċ. Dèses belege, warum dè banca della svizzera italiana hals über kopf aʊs dem pizzadeal aʊsgeśtègen sé. Und es beśtätige dè überwésuŋ grösserer geldbeträge aʊs dem haʊse continentale an dè loge pezwé. Wer dèses dokument besiże, wollte signore Colatrella wissen. Ɛn anwalt, erwiderte iċ, aber den namen könne iċ niċt nennen. Iċ hätte den aʋftrag, das original der verėnbaruŋ im internet geėgnet zu plażėren. Jäher applaʋs rėsst miċ aʋs mėnen gedanken. Dė hinriċtuŋ, das ṡtacktor, der abṡėd, truffaldino, näċtliċer walzer und in modo di marcia funebre e finale alla turca ṡweben davon. Signore Colatrella lėss miċ mit dem pellegrino allėne. Wusste niċt, weshalb iċ mėne ėnsäże verdoppelte: War es ėn fluċtversuċ aʋs dem CIRC'ṡen labyrinth? War es das mäländer ambiente, das ohne commedia dell'arte niċt aʋskommt? Naċdem signore Colatrella ins büro zurückgekehrt war, beṡtätigte er mir den aʋftrag an CIRC. Zudem bot er mir ėn separates geṡäft an: Was iċ für den aʋsṡtėg aʋs dem rotwilddeal und für dė besėtiguŋ des gehėmen dokumentes verlaŋe, wollte er wissen. Der aʋsṡtėg sė mit gold käʋfliċ, antwortete iċ, aber das dokument müsse er selbst entsorgen. Naċ ėner kunstpaʋse ėnigten wir uns aʋf das aʋsṡtėgsgeṡäft, das iċ aʋf zwanzig kilo gold ṡraʋbte. Das finale von Ottorino Respighis Pini di Roma weckt gedanken an den römiṡen neoimperialismus, obwohl bė der von ṡtreċern hervorgezaʋberten vollmondṡtimmuŋ ėn naċtigallengesaŋ per grammofono éngeṡpèlt wird. Naċ dem theaterṡpektakel suċen wir éne bar aʋf. Iċ täṡe kopfṡmerzen vor, verabṡiède miċ, ṡléċe ins la spezia. Unter éner héssen duṡe diktère iċ dè zahluŋsbediŋuŋen: zwölf kilo gold an CIRC, fünf kilo an Tomaso, dré an Paul, wobé dè senduŋ an Tomaso und Paul ohne absender zu erfolgen hat. Damit der deal niċt aʋfflègt, geht das label CIRC mit allen reċten an dè continentale, als gegenwert der goldbarren.

Vor elf uhr suċtest du dè postṡtelle an der mühlebaċṡtrasse aʋf. Du warst erléċtert, als herr Müller, den du sét jahren kanntest, dir durċ das kugelsiċere glas zuläċelte. Du ṡteċtest den énzahluŋsṡén für dè wollishofer dame durċ den ṡliż, ṡobst dréssig éntaʋsender naċ. Herr Müller verzog kéne mène, zählte zwémal naċ, wobé er sénen reċten daʋmen an énem ṡwamm neżte. Dann ṡtempelte er den énzahluŋsṡén, riss den talon ab und übergab ihn dir mit dem retourgeld. Tägliċ wird vor bargeldbesiż gewarnt. Und du warst gestern abend klopfenden herzens mit dénen taʋsendern bém central aʋsgeṡtègen. Das nèderdorf,

65

wo déne wohnuŋ lag, war alkoholisèrt, wè Fritz, den du mit sénen derivaten alléne zurückgelassen hattest. Am naⱦmittag dann bildeten Rita und du das empfaŋskomitee am haⱲptbahnhof in Zürich. Tomasos fraⱲ fehlte, sè lag krank zu haⱲse. Als Paul und Tomaso dem zug alléne entⱡtègen, konntest du déne enttäⱡⱨuŋ niⱦt verbergen. Peter sé aⱲf énen absⱡteⱦer an dè cinque terre gerést und würde am montagmorgen aⱲftaⱲⱦen. Im bahnhofbuffet trankt ihr tee und kaffee. Tomaso und Paul ⱡhilderten die mäländer gesⱦiⱦte. Du beriⱦtetest von dénem besuⱦ bé Fritz. – Wollishofen kommt zuⱡtande! HeⱲte habe iⱦ dè paⱲⱡhale fürs jahr zwétaⱲsend überwèsen. Das haⱲs können wir am näⱦsten montagmorgen bezèhen, gabst du bekannt. – Das briŋt den nötigen pep für unser internetkonzept, ménte Paul. – Es gibt vèl zu tun, ergänzte Tomaso, én konzept für continentale und én neⱲes für circus.

———

Du ⱡteⱲertest aⱲf nebenⱡtrassen dem gréfensee entlaŋ riⱦtuŋ Wetzikon. Der sonst ⱡtrahlende Tomaso wirkte besorgt. Séne fraⱲ Anatina war nè krank gewesen. Dè geburt der töⱦter hatte sè ohne komplika-

ṡionen überṡtanden. Jeżt aber musste Anatina tagelaŋ mit fėberan-
fällen im bett lėgen. Dann wėder waren dė anfälle wė weggewiṡt, bis
zu den näċsten ṡmerzen. Dė besuċe bė den ärzten waren erfolglos
geblėben. Nun war ėne untersuċuŋ im ṡpital vorgesehen. Ɛinige ärzte
vermuteten ėnen zeċenbiss. Tomaso wohnte mit sėner familie in ėnem
klėnen rėhenhaʋs. Der baʋṡtil erinnerte diċ an dė arbėtersėdluŋen, dė
im leżten jahrhundert in der nähe von ṡpinnerėen und weberėen er-
riċtet worden waren. Dė textilmaṡinen ruhten. Dė fabrikhallen hatten
siċ verwandelt: Inline skating, BMX biking, klettern an überhäŋenden
kunstwänden. Dė toċter öffnete dė haʋstüre und braċte ihren zėge-
fiŋer vor den mund. Dė mutter sė ėngeṡlafen, braʋċe ruhe. Vater und
toċter umarmten siċ. Dann zupʄte diċ Tomaso am ärmel, zog diċ ums
haʋseċ und zėgte dir mit ṡtolz sėnen garten. Darin ṡprossen in friṡer
erde ṡnittsalat und südländiṡes gemüse. Ɛinige beete lagen unter
fensterflügeln.

Nehme den élzug naċ Genua, weċsle aɹf den lokalexpress riċtuŋ La Spezia. Monterosso al mare lasse iċ links lẻgen, vom zugfenster aɹs erſẻnt es mir zu mondän. Bẻ Vernazza verlasse iċ den zug und ſtẻge aɹf ſtẻlen ſtufen hinab ans meer. Das nest gehört den énhẻmiſen. Touristen würden siċ erst zu ostern énfinden. Iċ genẻsse orte, bevor sẻ von touristenſtrömen hémgesuċt werden. Dẻ italiener bedẻnen énen zuvorkommend. Fragen siċ, wẻ das wetter zum saisonbeginn sẻn möge, wẻ hẻss der sommer werde. Iċ maċe es mir gemütliċ. Beſtelle scampi con aglio. Ῐfefferſoten, éngelegt in olivenöl. Trinke én glas vino della casa. Dann verzehre iċ acciughe, dẻ friſ zuberéteten sardellen. Zum naċtiſ koste iċ den aɹs getroċneten traɹben gekelterten sciaccheta. Naċ éner siesta im ſatten der hafenmaɹer, zu fuss ins näċste kaff. Der weg nach Corniglia verläɹft hoċ über dem meer der küste entlaŋ. Von ſténmaɹern geſtüʑte terrassen ſmẻgen siċ an den berg. Iċ denke an dẻ verhandluŋ mit signore Colatrella. Und ans nebengeſäft: Tomaso benötigte geld fürs ſpital, Paul träɹmte von der heraɹsgabe éner kakoþonẻ für synthesizer, laɹte und cybersax. Fünf kilo gold für Tomaso, drẻ für Paul, diktėrte iċ signore Colatrella. Und alles ohne aʊftraggeber. Überṡäże miċ mit mėner wanderuŋ. Es beginnt dunkel zu werden. Hoċ oben, trożig wė ėne festuŋ, lėgt Corniglia.

———

Du fuhrst mit dem sėbner zur endṡtaṡion. Aʊf dėnen knien hütetest du friṡes gebäċ. Gegen halb zehn kamst du in Wollishofen an und marṡėrtest zum firmensiż. Als du dė bemoosten ṡtėnplatten zum ėngaŋ emporṡtėgst, kam dir Germains abhandluŋ zu den ṡwiŋuŋen elastiṡer platten in den sinn. Während dėnes ṡtudiums an der école polytechnique in Lausanne hatten diċ zahlen und zahlenverhältnisse faszinėrt. Damit lėssen siċ þysikaliṡe þänomene beṡrėben. Alles ṡėn zahl zu sėn. Naċ dem erfolgrėċen abṡluss des mathematikṡtudiums hattest du ṡwėrigkėten, ėnen befrėdigenden job zu finden: In der praxis verkümmern dė versiċeruŋsteċniṡen geseże zu prėsmodellen, im finanzbereċ dėnen dė formeln dem zweċe, dė gewinne der geldinstitute zu optimėren. Um dėnem ideal als mathematikerin treʊ zu blėben, hattest du ėne arbėt im personalbereċ gesuċt. Nun ṡtandst du vor dem haʊse.

An der tür war én brèf mit énem rèssnagel befestigt. Du entziffertest dè zittrige shrift. Dè besiżerin mit den dicken augengläsern hèss alle willkommen. Sè fühlte sich unpässlich und hatte durch énen laufburshen den gruss überbrinen lassen. Du shobst dè shwere holztüre auf und tratest auf dè veranda. Èn süsser duft kam dir entgegen. Auf dem tish shtand éne wassergefüllte glasshüssel mit lilienblüten. Fritz kam verlegen dè auffahrt hoch und musterte das haus. Als Paul und Tomaso éntrafen, seżtet ihr euch um den runden tish.

Dè ersten tage in Wollishofen waren hektish. Hundert detälfragen mussten geklärt werden. Ihr konntet euch nicht im digitalen neż vershtecken. Peter shtèss zu euch und wurde herzlich empfanen. Er war braungebrannt, wirkte ausgeruht. Du fandst kéne zét, mit ihm én persönliches geshpräch zu führen. Dè oberen gemächer verwandeltet ihr zu bürozimmern. Dè türen häntet ihr aus. Das erdgeshoss mit der veranda samt garten erklärtet ihr zum erholunsraum, wo ihr dè entlohnun verénbartet, glécher lohn für alle. Èn shlichtes siżunszimmer. Küche, bad und keller lèsset ihr unangetastet. Dè geśäftliċen meetiŋs waren von organisatoris̀en fra-gen geprägt, bis Peter und Fritz eχċ ermahnten, den mäländer aυftrag niċt zu vernaċlässigen. Ihr bes̀losst, eχċ wéterhin mit CIRC zu identifi-zèren und erst mit der verabs̀èduŋ des marketiŋkonzeptes ersaż für das label CIRC zu suċen. Peter gewann am léċtesten distanz zum firmen-signet. Er s̀praċ konseqυent von CRIC. Und als du bé éner kaffeepaυse vors̀lugst, den namen kaninċen aυs dem vokabular zu s̀tréċen, kürzte Peter dè mäländer aυf RC, Rat Catchers.

Éine firma in Wollishofen bes̀äftigt siċ mit siċ selbst. Immerhin, unglé-ċer lohn für nèmanden. Erst jeżt wird mir bewusst, dass mit dèsem akt s̀telluŋen de facto abges̀afft sind. Gibt es nun kéne posiżionskrège mehr? Wozu leben, wenn ungléċes mit gléċem abgegolten wird? Selbst in der mathematik, der s̀ule der logik, sind ungléċuŋen kéne gléċuŋen. Doċ Iris glaυbt, es gäbe räυme, bé denen jedes mass fehlt. Topologis̀e räυme. Räυme ohne metrik. Räυme, dè nur bezèhuŋen ken-nen: offen, ges̀lossen, benaċbart. Bezèhuŋsräυme? Virtualität lègt mir näher als mathematik. Denn virtuell ist etwas, was nicht zu geschehen braucht.

<hr />

Der himmel war den ganzen tag verhangen. Es regnete ununterbrochen. Fritz und Paul verhandelten in der stadt mit dem amt für umweltschuz. Sie erhofften sich einen kleinauftrag, der den bürgerinnen und bürgern der agglomeration Zürich per internet umweltbewusstes verhalten näher bringen sollte. Du hattest Tomaso verordnet, einen freien tag einzulegen. Da es regnete, wusstest du, er würde den ganzen tag bei seiner frau im spital Wetzikon verbringen. In der morgenpause liess sich Peter von seinem ratcatchers auftrag nicht wegbringen. Erst die kürbissuppe am mittag verhalf zu einem gespräch. – Weshalb hast du mir North Point empfohlen? wolltest du wissen. – Den roman von Banana Yoshimoto? – Ja, ich wollte dich schon lange fragen. – Wenn man jemanden schäzt, erfüllt man einen wunsch, als verspüre man diesen selbst. Man beschenkt sich selbst. – Ist es den lieblingsbuch? – In einer beziehung wird etwas zerstört, wenn man schenkt, was einem am liebsten ist. – Wie meinst du das? – Wenn ich dir me´n le`blins̩bu ɔ́ emp̦fehle, denke iɔ́ an miɔ́, niɔ́t an de´ne träume und sehnsüɔ́te. Bis jeżt hattest du gegla͜ubt, für Peter gäbe es nur marketiŋ. Mens̩liɔ́e beze`huŋen würden ihn unberührt lassen. – Du vers̩pürst sehnsuɔ́t naɔ́ fremdartigem, entferntem, tra͜umhaftem, þantase`vollem, unterbraɔ́ Peter de´ne gedanken. Ɛ́ine japanis̩e a͜utorin irrite`rt diɔ́ als e͜uropäerin. Was irrite`rt, regt an. – Weshalb misst du der a͜utorens̩haft mehr gewiɔ́t be´ als dem inhalt des buɔ́es? – S̩rift ist gle´ɔ́ s̩praɔ́e. Und NP ist von Banana Yoshimoto ges̩re`ben. – Der inhalt ist unbede͜utend? – Nur de` s̩praɔ́e zählt. Du kannst a͜us e´nem ba͜um e´ne ges̩iɔ́te maɔ́en. – Über e´nen regenba͜um, warfst du e´n und wurdest verlegen. – Ja, wenn du begnadet biṣt we` Kenzaburō Ōe, kannst du e´ne ges̩iɔ́te über e´nen regenba͜um erzählen.

Dė arbe´t am marketiŋkonzept der continentale absorbe`rte alle kräfte: Fritz analyse`rte absażzahlen, Tomaso bündelte produkte, Peter defi- ne`rte verka͜ufsregionen, Paul inszene`rte e´n multimediapaket. Rundum ra͜uɔ́ten köp̦fe. In solɔ́en momenten kamst du dir überflüssig vor. Zwar

73

besuꭓtest du dė filialen der continentale, um ėnen ėndruꭓ von der mentalität der mitarbėtenden zu erhalten, doꭓ ꭓėnen dir kontakte und geꭓpräꭓe niꭓtig im vergleꭓ zu zahlenmaterial und grafiken, welꭓe dėne kollegen tägliꭓ in Wollishofen produzėrten. In zėten dėnes ꭓwindenden selbstbewusstsėns musstest du um ėne wėtere angelegenhėt kämꭓfen. Es giŋ um dė aͧfnahme ėnes lehrliŋs in eͧre firmengemėnꭓaft. Der zėtpunkt war ꭓleꭓt, denn alle beꭓäftigten siꭓ rund um dė uhr mit der continentale. Wėtere aͧfträge waren kėne in siꭓt, abgesehen von ėnem vorprojekt für das umweltꭓuʐamt. Und zudem war in eͧren ꭓtatuten, dė noꭓ niꭓt aͧsformulėrt waren, niꭓꭗ über dė aͧfnahme von juŋen arbėꭗkräften vorgesehen. Ihr wolltet ėne firma für arbėꭗlose blėben. – Arbėꭗlose, dė noꭓ nė gearbėtet haben, zählen niꭓt zu den arbėꭗlosen, dė wir braͧꭓen, warnte Fritz. Ihnen fehlt dė erfahruŋ. – Wir benötigen riꭓtige arbėꭗlose, dė zehntaͧsend flugꭓtunden in der arbėꭗwelt abꭓturzfrė überꭓtanden und siꭓ mindestens sėbenhundert tage mental aͧf ėne neͧe heraͧsforderuŋ vorberėtet haben, indem sė jeden tag den interessantesten tėl der zėtuŋen ꭓtudėren und vergebens bitt-

74

ŝriften verfassen, wetterte Peter und zog siĉ zurüĉ. – Der ist in leżter
zét überŝpannt, ménte Fritz. – Vèlleĉt sollten wir niĉt über éne firmen-
erwéteruŋ ŝpreĉen, so laŋe wir niĉṡ in der kasse haben, ergänzte
Tomaso. – Wir können Matthias für énen praktikantenlohn anŝtellen.
Du gabst noĉ niĉt aʋf. Wiĉtig ist für ihn dè mögliĉkét, berufserfahruŋ
zu sammeln. – Wenn er java kennt, kann iĉ ihm téle unserer internet-
animaṡion zur programmèruŋ frégeben, wollte Paul dir helfen. – Er
kann nur lesen und ŝrében. Und im rollŝtuhl fahren.

Es war ŝpät am abend, als du diĉ aʋfrafftest und zum telefon griffst. –
Tut mir léd, Peter, dass iĉ diĉ ŝtöre, begannst du zögernd. – Kén pro-
blem, Iris, du rufst im riĉtigen moment an. Iĉ habe éne lösuŋ für
Matthias. Es folgte én vorŝlag, der für Peter niĉt typiŝer sén könnte.
Er habe verŝédene varianten durĉgeŝpèlt und dèjenige aʋsgewählt, dè
von Fritz akzeptèrt würde. Dazu müssest du Matthias entŝpreĉend
unterŝtüżen. Das ganze sé kostenneʋtral für dè firma und würde éne
werbekampagne aʋslösen. – Die ethik musst du jeżt mal vergessen,

wenn du Matthias helfen willst. – Wé ménst du das? – Wir maċen én
geṡäft mit énem körperbehinderten. Ein geṡäft mit énem behinderten
ist én dreċgeṡäft. – Und du ṡlägst mir én dreċgeṡäft vor? – Du musst
über dénen ṡatten ṡpriŋen. Das ganze ist von dir abhäŋig. – Und Matthias? Seżt du diċ énfaċ über Matthias hinweg? – Matthias maċt mit!
Er hat mir zugesagt, du hast also kéne wahl. Dann legte er dè karten ʌuf
den tiṡ: Am näċsten donnerstagabend séen Iris und Matthias vom
TV-ṡtar Schwanicki éngeladen, én interview über dè erfolgréċe firma
CRIC zu geben. Der medienṡpezialist möċte dè arbéṡlosenfirma in
énen medienwirbel hinénmanövrèren. Das bild énes invaliden würde
dè énṡaltqʋote erhöhen. – Iċ kann Matthias niċt alléne ins swisstell
ṡiċen, er ist zu kurz bé uns, eröffnete dir Peter. – Bist du verrüċt geworden, Matthias kann bé uns niċt arbéten. – Fritz wéss noċ niċt, dass
iċ énen anṡtelluŋsvertrag mit Matthias ʌʋsgehandelt habe. Matthias ist
sét heʋte firmenmitglèd, krègt zwé millen, die hälfte von uns; in énem
jahr seżen wir ihn ʌuf fünfundsèbzig, naċher ʌuf hundert prozent. Naċdem du diċ erholt hattest, erklärte Peter dè énzelhéten des interviews.

Ihr müsstet hervorheben, dass siċ in der zét wirtṡhaftliċer unsiċerhét niċt alle aɹf dè kappe ṡhéssen lèssen. Dass eɹre firma erfolgréċ sé. Dass ihr énen grossaɹftrag für dè continentale hättet. Und dass dè ṡhtatuten von sozialethiṡhen grundsäżen nur so wimmelten. – Morgen briŋe iċ dir das buċ von Hans Ruh mit ‹Anders, aber besser›, das den untertitel trägt ‹Dè arbét neɹ erfinden – für éne solidariṡhe und überlebensfähige welt›. Ihr müsst zégen, dass CRIC dèsen weg geht. – Iċ bin niċt so ṡhlagfertig wè du, du solltest an méner ṡhtelle mit Schwanicki ṡhtréten. – Du kannst niċt knéfen, dè bém swisstell haben beréṡ énen werbewirksamen titel lancért: ‹Anders, aber besser: Iris rollt Matthias!›.

Was ṡhteċt hinter eɹrem firmenemblem krüċe? will der Schwanicki wissen. – CRIC steht für core resistant intellectual capital, kommt prompt dè antwort von Matthias. Wir ṡhtellen aɹf intellektuelle fähigkéten ab. Fähigkéten, dè in den mésten firmen tabu sind. – Tabu, taɹb, wo lègt da der unterṡhèd? Iris, hast du éne erkläruŋ? flötet der mediensṡhpezialist. – Niċt dè firmen sind taɹb, sondern dè firmenbesiżer, verwaltuŋsräte

und geʃäftsführer. – Vèle firmenbosse sind niʧt nur taub, sondern taubʃtumm, doppelt Matthias naʧ. Auf der mattʃébe briŋen dè béden farbe
in dè gespräʧsrunde. Bin begéstert, wè sè das drehbuʧ umseżen. – Das
müsst ihr mir näher erklären, fordert Schwanicki, was ihr mit taubʃtumm
mént. – Dè firmenbosse sind taub, sè hören niʧt auf ihre kunden. – Und
ʃtumm. Sè ʃpreʧen niʧt mit ihren mitarbétenden. – Maʧt ihr das in
eurer intellektuellen firma? Zuhören und mitʃpreʧen? ʃèsst Schwanicki
énen wéteren pfél ab. – Natürliʧ, kontert Matthias, wir brauʧen unsere
sinne. Wir geʃäften mit ihnen. – Das müsst ihr mir näher erklären, was
ihr mit sinnvollen geʃäften mént, unterbriʧt der medienʃtar. – Iʧ
arbéte an énem umweltʃużprojekt für dè bürgerinnen und bürger der
agglomeraŧion. Quasi für ihr sendegebèt: Was kann der énzelne dazu
bétragen, dass swisstell im neuen jahrtausend wéterhin ton und bild aus-
ʃtrahlen kann? Und hoffentliʧ umweltverträgliʧer. – Und iʧ besuʧe
dè mitarbétenden der internaŧionalen handelsfirma continentale, um
deren énʃäżuŋen herauszufinden, ergänzt Iris. Dè basis hat dè besten
ideen für énen firmenerfolg. Das seżen wir um, lassen's den kunden zu

aʋg und ohr gelaŋen. – Ihr séd völlig internetverrückt. Wo blébt da das zwiśenmenśliċe? ist dè näċste frage von Schwanicki. Jeżt klappt Matthias sén e-book aʋf, śtégt in dè für continentale entworfene homepage én. Er erklärt dè kundensegmentèruŋ anhand von béśpèlen, lässt aʋsśnitte aʋs forumsdiskussionen mit lèferanten und abnehmern aʋfbliżen. – Unser reċnergeśtüżtes verkaʋfskonzept hat dè kontakte zwiśen kunden und mitarbétenden der continentale um neʋnzehn prozent geśtégert, begründet Iris den énsaż der teċnologè. – Dè teċnologè fördert den gezèlten kontakt zum kunden, beśtätigt Matthias, mehr kann sè niċt. Jeżt śwenkt Schwanicki aʋf én anderes thema um: Was ist eʋre firmenlétlinie? Naċ welċen grundsäżen lebt ihr? – Wir halten uns niċt an éne létlinie, wir verziċten aʋf reglemente und vorśriften. – Wir führen geśpräċe, tragen konflikte aʋs, śprudelt Iris. – Wir respektèren den andern so, wè er ist. Mit all sénen handicaps. – Bis ans monaʈende, wenn's um dè lohntüte geht, fällt Schwanicki den béden ins wort. – Überhaʋpt niċt, entgegnet Matthias, iċ verdéne als lehrliŋ im moment fünfzig prozent, im näċsten jahr fünfundsèbzig, danaċ gleĊvėl wė mėne kolleginnen und kollegen. – Ihr widerŝprecħt allen regeln des kapitalismus? tönt es aʊs dem reċħ Schwanicki. – Wir lernen mehr aʊs der natur als aʊs künstliċħ gesħaffenen märkten, þilosoþėrt Matthias. – Bäʊme wacħsen und atmen, aber sė sind dumm, ŝtellt der medienexperte fest. – Es gibt aʊċħ kluge bäʊme, erklärt Iris. – Das musst du mir näher erklären, welċħen untersħėd du zwisħen ėnem klugbaʊm und ėnem dummbaʊm sėhst, insistėrt Schwanicki. – Ɛin kluger baʊm ŝpėcħert das wasser, das er nacħŝ aʊfnimmt, in sėner krone und gibt es tagsüber wėder troþfenwėse ab. – Ɛin dummer baʊm lässt das wasser versėgen und verdorrt in trocħenzėten. – Gibt es klugbäʊme in der natur? – Ja, den regenbaʊm. Dann entfalten Iris und Matthias aʊf dem e-book ėne computergrafik. Ɛin regenbaʊm, aʊf dem dė bucħŝtaben C, R, I und C in reflektėrenden lettern ins geäst ėngravėrt sind.

In der leżten aprilwocħe war dė hölle los. Du warst froh, dass Matthias ėnen computerkurs besucħte und dėsen konflikt nicħt miterlebte. Peter erklärte, er würde im juni gerne in dė USA verrėsen, um dort aʊfträge zu akquirèren. Dè amerikaner séen offener für internetbezogene ver-kaufs- und werbeaktivitäten. CRIC könne für énen amerikanishen kon-zern den europäishen markt bearbéten. Dè wollishofner firma kenne dè abendländishe mentalität: Think globally, act locally. Du erwartetest kéne diskussion. Doch Fritz explodèrte. – Du suchst immer vortéle, Pete, sét wir zusammenarbéten. – Dè amerikarése ist én vorshlag. Wenn du dagegen bist, möchte ich dè gründe erfahren. – Es geht nicht um den USA-trip, sondern um dè fréhéten, dè du dir jedesmal rausnimmst. – Wéss nicht, wovon du shprichst. Jezt flog der zapfen. Es sé éne frechhét, Peter unterzéchne in Mailand énen vertrag und verhökere das firmen-signet. Des wéteren habe er mit Matthias énen dreh gefunden, damit dèser arbéten könne. Und jezt wolle er auf énen trip in dè USA. – Du bist én verdammter egoist, tobte Fritz. – Ohne continentale hättest du déne shéssfirma zu grabe getragen. Paul, Tomaso und du sasset wè ver-sténert da. Du vergassest Hans Ruh mit sénem buch. – Du verhökerst unser firmensignet für lumpige zwölf kilo gold! brüllte Fritz. – Das gold shtinkt sowéso, auch wenn du's bé rotwild réngewashen hast. Und dann ŝlug's wė ėne bombe ėn. Tomaso ŝpraŋ aʊf und ŝrė: oro, oro! Iɑ habe kürzliɑ fünf kilo gold gekrėgt, wėss niɑt von wem. Iɑ hab's unserem katholiŝen orden in Rom überwėsen. Wir sollen niɑt fremdes gold annehmen.

Subject: **Go**
Date: **Tuesday, April 25 2000 09:09:12 +0300**
From: **Peter.Loertscher@cric.ch**
To: **Peter.Loertscher@cric.ch**

Hallo Pete

Alter Kumpel:
Hockst immer noch in deinem Korsett?
Wo bleiben deine Ideale? Wo der Lebenssinn?
Alle entwerfen Leitbilder und nageln Reglemente fest.
Und du schnappst nach Luft!
Worauf wartest du?

Aċtzehntenpunktfünftenpunktzwetaưsend. Donnerstag morgen. Peter und dè werberin Andrea śtanden winkend in der bahnhofshalle. Du warst enttäưśt, niċt allène mit Peter naċ Mailand rèsen zu können. Dè begegnuŋ mit Andrea in der Fritz'śen klaưse hatte kèn verlaŋen naċ ènem wèdersehen aưsgelöst. Empfandest du sè als èndriŋliŋ in eưre firma oder blèbst du reservèrt, wèl sè ène fraư war? Als der zug durċ den kurvenrèċen gotthard donnerte, erśèn Maria Agnesi. Sè kam sèbzehn-hundertaċtzehn in Mailand als toċter ènes mathematikers zur welt. Für ihre arbèten über kurventangenten fand sè in Europa anerkennuŋ. Ver-siera Agnesi war dè bezèċnuŋ für ène von ihr untersuċten kurvenśar. In Italien hèssen kurven damals versiera. Dèses wort war zuglèċ èn kür-zel für aưversiera oder ‹fraư des teưfels›. Jeżt śoss der zug aưs dem tun-nel. Andrea wollte dè präsentaśion für dè continentale durċgehen. Dir kam das wè ène zensur vor. Peter fand die übuŋ èn anregendes rehears-al. Das sè bè topfirmen übliċ, dass man kundengeśpräċe im voraưs durċpaưke. Wè in èner generalprobe. Ślèssliċ hättest du bè der vor-berètuŋ der swisstellsenduŋ aưċ mitgemaċt und nużen gezogen.

Der ſtress giŋ wéter. Ihr rastet mit énem taxi an dè via san zanobi. Im fond des wagens versuɔte Andrea, ihre gesiɔsfarben dem puls der ſtaɗ anzupassen. Peter erklärte, Mailand sé dè weltoffenste ſtaɗ Italiens. Mit Zürich vergléɔbar, vor allem wenn's neblig sé. Tatsäɔliɔ gebe es én hotel zurigo am corso italia, fügte der taxichauffeur an. Naɔ der ankunft wurde dir dè continentalcrew vorgeſtellt. Peter hatte diɔ vorgewarnt, aber die realität war virtuell: Dir trat éne gruppe versténerter mumien entgegen! Von solɔen firmenbossen musstet ihr aⱼfträge annehmen? In Wollishofen hatte Peter immer von énem kronleⱼɔtersaal geſproɔen. Jeżt war es sowét. Es ſaⱼderte diɔ. Der saal war erdrüɕend. Naɔ énem begrüssuŋszeremoniell ſtellte Andrea dè firma SCG vor. Du bliɕtest nasenrümᵖfend zu Peter. Er rührte siɔ niɔt. Dann kam én marketer der continentale zu wort und forderte, anglizismen zu verméden. Du ſèltest zu Peter. Er ſwèg und seżte séne maſinerè in gaŋ. Mit ‹your circle of continentale› beamte er éne kréstirade in den raⱼm. Aber, welɔe freɔhét! Dè erfolgszahlen, dè du mühsam über den kundenkontakt zusammengetragen hattest, verkaⱼfte er, ohne siɔ ans manuskript zu halten. Zum śluss zog er dè kabel aus den śteckdosen und versank im ledersessel.

Dè präsentaśion beśerte eyd éne énladuŋ zu énem galadiner. Peter gab én treffen mit énem kunden vor. Er gelobte, bé erfolgréder verhandluŋ dè continentale umgehend ins bild zu zappen. Es sé tradiśion bé CRIC, mandate anzunehmen, dè sid potenzèren. Naddem ihr eyd im hotel in dè frézétkléder geśtürzt hattet, ślendertet ihr wè én vertrautes paar arm in arm durd dè mäländer innenśtad. Zwiśen dom und scala bogt ihr in dè énkaufspassage én, dè dè mäländer lèbevoll ‹il salotto› nennen. Über eyd leudtete dè glaskuppel im abendlidt. Der hödste punkt der kuppel läge énunddréssig meter über dem boden, behauptete Peter. Du überlegtest: Dè zahl énunddréssig ist prim, télbar durd énunddréssig, énunddréssigfad zerlegbar, verwand mit den primzahlen dréhunderténunddréssig, drétausenddréhunderténunddréssig, dréunddréssigtausenddréhunderténunddréssig, dréhundertdréunddréssigtausenddréhunderténunddréssig, drémillionendréhundertdréunddréssigtausend-

dréhunderténunddréssig und dréunddréssigmillionendréhundertdré-
unddréssigtaᴜsenddréhunderténunddréssig. Früher hatte man primzahlen verehrt, heᴜte sind sè ohne bedeᴜtuŋ. Und, wè wäre dè wirkuŋ
éner dréhunderténunddréssigerkuppel? Oder éner dréunddréssigmil-
lionendréhundertdréunddréssigtaᴜsenddréhunderténunddréssiger-
kuppel? Ɛin solċer primkuppelbaᴜ wäre én kniċs vor dem ṡöᵽer der
zahlen. Nur dürfte dè näċste kuppelgeneraᵗion niċt konstruèrt werden, da sè sèbzehnfaċ zusammenṡtürzen würde. Während des aperi-
tivo an der jugendṡtilbar des la zucca nahm Peter éne tiṡreservèruŋ im
savanini vor. Dann bummeltet ihr über dè piazza del duomo, durċ dè
corso vittorio emanuele zwé, wo eᴜċ exklusive mäländer mode ent-
gegenkam. Via montenapoleone, via della spiga, via sant' andrea, via
santo spirito, via gesù. Peter ṡwärmte von Carlo Maria Martini, dessen
predigt er im duomo mitverfolgt hatte. Der kardinal sé der katholiṡen
kirċe gegenüber kritiṡ éngeṡtellt. Er ṡeᴜe siċ niċt, drogensüċtige und
aidskranke in den dom zu holen und gegen korrupᵗion zu wettern.

Dèses silberbeshteck hat bėde weltkrège übershtanden, mėnte Peter, als du zur vorshpėse ėnen meeresfish an randencrème mit wildrės und kefen kostetest. Der kellner erklärte, dè kefe sė ėn typish shwėzerishes gemüse, ėne art zuckererbse, dè mit der shote gegessen werde. Internashionales Mailand. War es der seeteufel oder der wėsswėn, der dich zur frage provozėrte: Du hast mir Banana Yoshimoto empfohlen, was shlägst du für dich vor? – Paulo Coelho. – Ich kenne dèsen Paul nicht, kannst du ihn mir beshrėben? Du erinnertest dich an ėn geshpräch, bė dem dir Peter erklärt hatte, dass jedes werk durch dè shprache des autors zum leben erweckt würde und der inhalt unwesentlich sė. – Wenn du ihn kennen lernen willst, lès sėnen alchimisten. Du lernst den shriftshteller durch sėn werk kennen. Jeder von uns müsste ėn werk verfassen, bevor er ėne bezahlte arbėt bekäme. – Wè kommst du auf dèse idee? Bevor Peter antworten konnte, tishte der kellner den hauptgaŋ auf. Grillėrtes lamm, gebratene erdäpfel und gekochten blattshpinat für Peter. Dir wurde ėne auswahl von salaten servėrt. Und brot mit ėngebackenen oliven. Buon appetito. – Ɛin andalusisher shäfer sucht nach ėnem shaż und findet innere rechtümer. Auf de geschäftswelt übertragen: Firmen müssen weniger nach finanzwert, mehr nach intellektuellem kapital bewertet werden.

———

De lezten mátage waren hektisch. Endlich kam en vertrag mit enem finanzinstitut zustande. De continentale hatte über den erfolg des pilotversuchs berichtet, nun drängte de bank ins nez. Und Fritz rechnete aus, dass sich CRIC mit desem auftrag bis mitte zwetausendundens über wasser halten werde. Apropos wasser, warf Peter en, er gehe im sommer für enige wochen in de USA. De rese se gebucht, flug am zweten juni ab Kloten direkt nach Frisco. Fritz ging mit kenem wort auf den lezten schlagabtausch en. Am samstagabend des lezten mawochenendes traft ihr euch im Weissen Wind. De arbet für de continentale war abgeschlossen! Nach enem fröhlichen abend, den Fritz, Peter, Matthias, Tomaso, Paul und du in der vinothek am predigerplaz beendet hattet, verabschedet ihr euch von Peter. Am morgen des zweten juni fuhrst du mit der s-bahn zum flughafen Kloten hinaus. Der flug SR 615 nach San Francisco war noch nicht auf der flugtafel angezegt. So schlendertest du durch de abfertigunshalle, durċhŝtöbertest souvenirläden. Plöżliċh entdeċktest du in énem ŝhaʋfenster éne swatchuhr, dè als zifferblatt én affenŝhwanzzéċhen trug. Du lèssest aʋf das armband peterpunktloertscher und cricpunktch éngravèren. Dann lèfst du in dè abflughalle zurüċk. – Was maċhst denn du hèr, Iris? hörtest du éne bekannte ŝtimme. Gehst du für kundengeŝhpräċhe naċh übersee? Du drehtest diċh um, errötetest: Peter ŝtand vor dir. – Komm, wir gehen noċh aʋf énen drink. Ihr verzogt eʋċh in éne ruhige eċke des flughafenrestaurants mit bliċk aʋf dè ŝtartberéten flugzeʋge. – Findest du flughäfen aʋċh super? fragte diċh Peter. – Für miċh ist das mit abŝhèdsŝhmerz verbunden. – Ŝhaʋ mal, all dè jets an den fiŋerdoċks, iċh finde das grossartig. Peter war von sèner guten laʋne niċht abzubriŋen. Als er dén geŝhenk öffnete, laċhte er herzliċh. Er zog sène gurkenswatch ab, hèlt sè dir hin. – Gib dèse uhr Matthias. Er sammelt swatchuhren und wird siċh freʋen. Dè zét war niċht mehr anzuhalten. Peter umarmte diċh. Dir ŝhossen tränen in dè aʋgen. Verŝhwommen sahst du Peter durċh dè zollŝhleʋse gehen. Dann drehte er siċh um, winkte dir zu und deʋtete aʋf sène armbanduhr.

Airport Zurich. Secondofjunetwothousand. SR 615. No delay. Zwäŋe miċ
durċ dè ṡmalen siżrėhen ans fenster. Żehe dè siċerhéṡgurte an. Über
den screen flaċert das bild éner hostess. Mit beatmuŋsmaske. CIRC,
besser gesagt CRIC, ist tot. Mén entṡluss ṡteht fest: Werde in San Francisco éne neʋe existenz aʋfbaʋen. Dann, ṡrébe éne e-mail an irisaffen-
ṡwanzcricpunktch: ‹Fell in love with a new job here in CA. Good luck
for all of you. Pete.› Bevor das flugzeʋg siċ vom fiŋerdoċ löst, läʋft dè
firmengeṡiċte wè én film ab: WIRBEDAUERNIHREKUENDIGUNGBEIC
TADERVERSCHWUNDENEKOPFLICPUNKTOECPUNKTHSGKUTTELNMIT
KUEMMELSCHUTZDEMTELLUNDSCHUTZDEMFELLINTELLECTUALCAP
ITALKREISFAHRERSCHWEIGENISTMITTEILENVIRTUELLETEAMSITZ
UNGENPINIPRESSOUNACATACOMBABORDERLINERKRONLEUCHTER
SAALTELLSCHUTZFELLSTABATMATERPEZWEISCAMPICONAGLIOIST
NACHBARVONFIRMENLEITLINIECINQUETERREPARAPHRASEAFFEN
SCHWANZCRICPUNKTCH … Nun rollt der jumbo aʋfs flugfeld. Plöżliċ
glaʋbe iċ, Iris aʋf der terrasse des flughafens zu sehen. Sè ṡwenkt ihre
arme. Dè maṡine ṡtartet durċ. Der druċ aʋf ménen körper wird ṡtär-

ker. – Wunden verhélen, rufe iĥ ihr zu. – Narben blében, winkt mir Iris śwégend zurüĉ. Dann hebt der śwere vogel ab und dreht énen halb-krés gen westen.

Quellennachwes
Dè zitate auf séte 9 sind dem roman
‹Der verschwundene kopf des Damasceno Monteiro›
von Antonio Tabucchi entnommen,
erschènen bém Hanser Verlag.
Das zitat auf séte 51 schtammt aus dem taschenbuch
‹Der kluge regenbaum› von Kenzaburō Ōe,
Fischer Verlag.

Danksaguŋ
Annemarie Bänziger, Lydia Bernasconi,
Esther Fiechter, Severin Fischbacher, Kaethe Fleckenstein,
Miriam Flückiger, Denise Gabriel, Walter Johner,
Ruedi Käch, Anita Kaufmann, Erwin Koch,
Sabine Künzi, Ruedi Leuthold, Yeboaa Ofosu
und Esther Straus haben den text kritisch durchgesehen
und kommentèrt.